L2学習者のスペリング能力とリーディング能力の関係

森 千鶴

溪水社

謝　　辞

　本論文は、平成18年2月に広島大学大学院教育学研究科に提出された筆者の学位請求論文である。この論文の完成にいたるまでには、諸先生および学生達に多大の指導、協力をいただいた。まず、広島大学大学院教育学研究科英語文化教育学講座の三浦省五先生には、論文に着手する段階から論文完成にいたるまで、常に心のこもった励ましをいただいたことを深く感謝したい。学問に対して常に前向きに取り組み、英語教育学に関して幅広い見識と理解をもつ先生に、主任指導教官ならびに学位審査の主査としてご指導いただいたことは、この上ない幸せであった。先生のご指導と励ましなくしては、この論文の完成はおぼつかなかったことと思う。
　また、同じく英語文化教育学講座の中尾佳行先生、深澤清治先生、広島大学情報メディア教育研究センターの田中正道先生には、副指導教官ならびに学位審査の審査委員として、ご多忙中にもかかわらず丹念に資料をご検討いただき、貴重なご助言をいただいた。中尾佳行先生にはスペリングと英語の成り立ちなどに関して、英語学的な視点から貴重なご助言をいただいた。深澤清治先生からは、論文の構成上の問題点を指摘していただき、具体的に指導していただいた。深澤先生は研究者として、常に模範を示して教え導いてきてくださっている上、博士論文作成中も事あるごとに温かく励ましてくださった。深く感謝の意を表したい。また田中正道先生には、主に教育的示唆に関して、具体的な方向性を示していただいた。さらに、学習開発学講座の森敏昭先生には、L1スペリングとL2スペリングの異なる部分やリスニングとのかかわりなど、自分では気づくことのなかった側面からご指摘をいただいた。これら多くの研究上の示唆を与えられたことにより、論文の開始段階から見れば、研究内容を深化させるとともに、教育的示唆をより広く捉えることもでき、教育論文にふさわしい性質のものにつながったと考えている。

さらに、大学院の学生時代より現在にいたるまで、時には指導的立場として、時には共同研究者として、いつも変わらぬ支援を惜しみなく与え、教え導いてくださっている広島大学総合科学部教授の山田純先生に深く感謝の意を表したい。また愛知県立大学外国語学部教授の広瀬恵子先生には、博士論文に着手するにあたって、大きな励ましの言葉をいただいた。ここに記して、感謝のことばとしたい。
　このほかにもデータ収集に参加協力してくれた学生達にお礼を申し上げたい。データを提供してくれたのは松山東雲短期大学、熊本女子大学（現熊本県立大学）、広島大学、福岡教育大学の授業受講学生であった。最後に私事ではあるが、博士論文作成中はもとより、いつも変わらぬ優しさで包んでくれている母、ミヤ子に心より感謝のことばを捧げたい。

　　平成18年1月25日

　　　　　　　　　　　　　　　　　　　　　　　　　　森　　千鶴

目　　次

謝　辞 ………………………………………………………… i

第1章　序論
第1節　研究の目的 ……………………………………………… 3
第2節　本研究における問題の所在 …………………………… 5
第3節　本論文の構成 …………………………………………… 8

第2章　スペリング能力とリーディング能力の
　　　　　関係についての概説
第1節　L1におけるスペリングとリーディングの発達 ……… 11
　1.1. L1における音韻認識、文字と音の連関知識とスペリング、
　　　リーディング ……………………………………………… 11
　1.2. L1における Good Reader Poor Speller（R+S-）……… 15
第2節　L2におけるスペリングとリーディングの発達 ……… 22
　2.1. L1の書記体系の影響とL2スペリング、リーディング ……… 22
　2.2. L2のスペリングとリーディングに関わる要素、及び
　　　Good Reader Poor Speller（R+S-）…………………… 24
　2.3. 研究課題 …………………………………………………… 26

第3章　L2のスペリングとリーディングにおける
　　　　　文字と音の連関規則の役割
第1節　本章の研究課題 ………………………………………… 29

第 2 節　研究方法 …………………………………………………… 31
　2.1. 被験者 …………………………………………………………… 31
　2.2. 材料 ……………………………………………………………… 31
　2.3. 手順 ……………………………………………………………… 33
　2.4. 採点 ……………………………………………………………… 33
第 3 節　結果と考察 ………………………………………………… 34
　3.1. 結果 ……………………………………………………………… 34
　3.2. 考察 ……………………………………………………………… 37

第 4 章　L2 における Good Reader Poor Speller の音読速度とスペリングの特徴について

第 1 節　本章の研究課題 …………………………………………… 41
第 2 節　実験 1 の研究内容 ………………………………………… 43
　2.1. 方法 ……………………………………………………………… 43
　2.2. 結果と考察 ……………………………………………………… 44
第 3 節　実験 2 の研究内容 ………………………………………… 46
　3.1. 方法 ……………………………………………………………… 46
　3.2. 結果と考察 ……………………………………………………… 47
第 4 節　実験 2 に付随する調査の内容 …………………………… 49
　4.1. 方法 ……………………………………………………………… 50
　4.2. 結果と考察 ……………………………………………………… 51
第 5 節　総合的考察 ………………………………………………… 53

第 5 章　L2 における Good Reader Poor Speller の形態素の習得について

第 1 節　本章の研究課題 …………………………………………… 55
第 2 節　研究方法 …………………………………………………… 60

	2.1. 被験者 ……………………………………………………	60
	2.2. 材料 ………………………………………………………	60
	2.3. 手順 ………………………………………………………	61
第3節	結果と考察 ………………………………………………………	62
	3.1. 結果 ………………………………………………………	62
	3.2. 考察 ………………………………………………………	67

第6章 L2のリーディング能力、スペリング能力を測る指標としての書き写しスパンについて

第1節	本章の研究課題 …………………………………………………	72
第2節	研究方法 …………………………………………………………	73
	2.1. 被験者 ……………………………………………………	73
	2.2. 材料 ………………………………………………………	73
	2.3. 手順 ………………………………………………………	74
	2.4. 採点 ………………………………………………………	75
	2.5. 信頼性 ……………………………………………………	76
第3節	結果と考察 ………………………………………………………	76
	3.1. 結果 ………………………………………………………	76
	3.2. 考察 ………………………………………………………	78

第7章 結論と論考

第1節	結論 ………………………………………………………………	83
第2節	教育的示唆 ………………………………………………………	90
第3節	今後の研究課題 …………………………………………………	93

Appendix 1
　第 4 章　R+S+, R+S-, R-S+, R-S- の音読速度の推移 ……………… 97

Appendix 2
　第 7 章　中学校英語教科書（New Horizon English Course）1 年、2 年、
　　　　　3 年の不規則つづり ……………………………………… 99

Appendix 3
　第 7 章　中学校段階で習得しておくべきであると思われる規則的な音と
　　　　　つづりの連関 ……………………………………………102

Appendix 4
　第 7 章　Barron (1980) による規則的なつづり及び不規則なつづり
　　　　　の事例 ……………………………………………………103

References ……………………………………………………………105

L2 学習者のスペリング能力とリーディング能力の関係

第1章 序　　論

第1節　研究の目的

　本研究には2つの目的がある。第一に、第二言語（L2）学習者において、一般には相関が高いといわれているリーディングとスペリングのそれぞれの能力の間に、極端な不均衡が生じている学習者（Good Reader Poor Speller ＝ R+S-）の存在を明らかにし、その実相を明確にすることである。第二にリーディングとスペリングの能力は、L2学習者の中でどのように関わり、発達していくのかについて、R+S- から得られた知見を基にして考察する。このことと関連して、リーディングとスペリングの能力を統合的に測るテスト（書き写しテスト）の妥当性を検証する。

　日本の英語教育の新たな流れの中で、特に1990年代以降、コミュニケーション能力の育成、あるいは実践的コミュニケーション能力の育成の重要性が叫ばれてきた。しかし、コミュニケーションという言葉が指し示しているのは多くの場合、「聞く・話す」技能であり、「読む・書く」技能は後回しにされるか、軽視される傾向にある。（平成10年12月告示の学習指導要領では、目標に「聞くこと話すことなどの実践的コミュニケーション能力」と明示されている。）ところが、実際にはL2の4技能の発達は相互に関わりあっている。書くことは語彙や文法などの基礎的な事項の定着に寄与する面があるし（cf. 伊東、1999）、読むことは聞くことと同じ受容技能であり、インプットの源として重視される（cf. Krashen, 1985）。また社会的な情勢を考えると、今や世界はインターネットでつながっており、ネットサーフィンでは英語を「読むこと」が中心になるし、e-mail でのやりとりは「書くこと」でなされている。このように「基礎・基本」が重視

されている中、またインターネットやe-mailが一般化している現在、L2のリーディングとライティングは軽視されるべきではなく、むしろ見直されるべきであると考える。

そこで、本研究ではL2学習者のリーディング能力とライティング能力に焦点をあて、その中でも特に、リーディング能力とスペリング能力とのかかわりに着目することとした。ライティングの中でも、スペリングに着目したのは、次のような理由による。リーディングの初期段階、つまり英単語を音読するレベル（脱コード化、つまりdecoding）では文字を音に結びつける作業が為される。これは、ライティングの初期段階であるスペリングと関わっている。スペリングは音を文字に変換する作業だからである。そして一般的には、この段階を経て、リーディングの諸段階を習得し（cf. Grabe, 1991）、文章レベルの読みができるようになる。文章レベルの処理は、高次の処理であるが、それはまた高次レベルのライティング（パラグラフ・ライティング）へとつながる。このように、リーディングとライティングは書き言葉であるという共通点があるので、低次レベルにおいても高次レベルにおいても、相互作用しながら発達しているものと思われる。ところが、英語母語話者を対象としたL1研究において、ライティングにおいては低次レベルのスペリングに問題を抱えているのに、リーディングでは高次レベルの読解が可能であるという特異なケース（R+S-）が報告されている。これは、decodingとしてのリーディングだけでなく、comprehensionとしてのリーディングの問題とも関わっており、興味深い事例であると思われる。こういったタイプは、スペリングにおいて、文字と音の連関をどこまで理解しているのか、またそれはリーディング（読解）とどのように関わっているのかを追究すれば、低次レベルの技能と高次レベルの技能のかかわり、またリーディングとスペリングのかかわりをより明確にすることができると思われた。

本研究では、リーディング能力とスペリング能力のかかわりに関する理論的基盤をL1のリーディングとスペリングの習得研究に求めることとする。L1習得とL2習得とではむろん異なる面があるが、書き言葉の習得は

話し言葉の習得とは違って、L1においても意識的な学習が必要とされる。その点で、相違点よりも類似点のほうが多いと考えられるからである。また、研究の対象を初学者ではなく、ある一定期間英語教育を受けてきている大学生（短期大学生も含む）とする。ひとつには大学生になってもclimbという単語がつづれない、また流暢に読めないなどの現実的な問題があるからである。また大学生の英語のスペリング能力・リーディング能力を探り、もしも問題点が発見されれば、学生が受けてきた6年間（学生によっては8年間）の英語教育を総体的に振り返り、考察することができるからである。

第2節　本研究における問題の所在

　本研究の起点となったのは、以下の3つの問題点である。まず日本の英語教育において、スペリングの研究は入門期におけるフォニックスの指導やローマ字の指導を除いては、ほとんど為されていないと考えられることである（cf. 山田他、1988）。スペリングは暗記によって為される機械的な活動であると位置づけられる傾向があり、入門期を過ぎた中学校高学年から以降はほとんど取り扱われていない。しかし、英語母語話者を対象としたL1研究においては、アルファベット言語のつづりを正しくつづるということは、高度な認知作業であることが1980年代以前から認識されていた（Frith, 1980）。スペリングの特性として、音によるコード化（phonological coding strategy）と視覚によるコード化（visual coding strategy）の両方の要素がある。英語母語話者の子供は、まず文字と音の連関の知識を用いてスペリングを覚えるが、その段階を経ると視覚によるコード化のほうが優勢になり、知っている単語のつづりから類推してスペリングを行うようになる（Marsh et al., 1980）、と報告されている。このようにスペリングはかなり複雑な作業で、習得までに複数の段階を経るものとみられている。そこで、学習者のスペリングの習得段階をよく見極めて、そのどこに問題があ

るかを特定しなければならない。また、スペリングに弱点がある場合、単なる練習不足ではなく、学習者個人の認知力や認知パターンに問題がある場合も想定できる。その場合は、それに沿った指導法の模索が必要になるのである。

　第二の問題として、L2 リーディングとスペリングのかかわりが L2 分野において、ほとんど研究されていないことである。L2 リーディングはリーディングの領域においてのみ研究されてきていた。その上、スペリングと大きく関わる脱コード化（decoding）としてのリーディング、つまりボトムアップ・アプローチについては、スキーマ理論に基づくトップダウン・アプローチの隆盛により、注目されていなかった時期が長く続いた（cf. Carrell and Eisterhold, 1983）。近年では、リーディング活動においては、ボトムアップ処理とトップダウン処理は相互に影響しあい、補いあっているという相互作用モデル（Interactive Model of Reading）が提唱されるようになり（cf. Stanovich, 1980）、ボトムアップ・アプローチの重要性が見直される傾向にはある（cf. Grabe, 1991）。

　ボトムアップ処理においては、特に脱コード化（単語レベルで音読できること、今後は decoding と表記する）の重要性が強調される。ボトムアップ処理の重要性をきわめて早い時期から指摘したものに、LaBerge and Samuels (1974) がある。彼らのモデルは、L1 リーディングに関するものであるが、読み手の注意と自動性に注目したもので、良い読み手は書き言葉の文字認識や音韻認識などの decoding を自動的に行うことができるので、注意をテキストの意味理解に集中させることができるというものである。また Perfetti and Hogaboam (1975) は良い読み手と劣った読み手の音読潜時を比較し、頻度の低い語と無意味語において、特に差が大きかったと報告している。Perfetti and Hogaboam (1975) の仮説をわかりやすく言い換えると、decoding という基礎能力において優れた読み手と劣った読み手とに差があるため、それが上位レベルの語彙力や短期記憶などにも影響し、ひいては読解力に差を生じせしめることになる、ということである（cf. 垣田、1984）。近年では Perfetti (1985) や Stanovich (2000) の研究がボト

第1章　序　論

ムアップ処理の重要性を指摘している。

　L2分野においても Eskey (1988) や Segalowitz (1991) などは、低次レベルの言語処理能力（automatic lower-level processing）の重要性を説き、トップダウン処理を強調しすぎる指導法に警告を発している。また Segalowitz et al. (1998) も、ボトムアップ処理を強調し、大学レベルにおいて、指導によってボトムアップ処理技術を伸ばすことができると述べている。このようにL1およびL2リーディングの領域で、ボトムアップ処理の重要性が見直されてはいる。しかし、L2学習者のdecodingの能力の問題を、リーディングの問題としてだけではなく、スペリングとのかかわりにおいて研究している事例はほとんど例をみない。そこで、リーディングとスペリングの両方を射程に入れて研究することは、複雑に絡みあいながら発達していく書き言葉の習得の実相にいっそう近づくものと考えられ、意義があると思われる。

　第三の問題として、L2におけるリーディングとライティング（スペリングも含む）は共に書き言葉を媒体にしたものであり、相互作用しながら発達していく面があるにもかかわらず、それらの能力を統合的に測る標準テストが存在しないことである。むろん、クローズ・テストやディクテーション・テストなどは、言語能力を統合的に測定するテストとして広く知られている（cf. Oller, 1979）。しかし、前者は主に読解力を中心とした統合力であり、後者は聴解力と書く力を中心としたもので、リーディングとライティング（スペリングも含む）を統合的に測るものではない。また補習目的であれば、個別のリーディング・テストやスペリング・テストを課すほうがふさわしいであろうが、コースの初めの診断的テストや形成的テストにおいては統合的テストのほうがふさわしい面もある。リーディング能力とスペリング能力を総体としてまず把握し、コースの途中で調整しながら対処することができるからである。

　これらの問題意識をもとに、本研究においては、リーディングにおけるdecodingの問題を、スペリングとのかかわりにおいて検討することとする。前節でも述べたように、低次レベルのリーディング（decoding）とスペリ

7

ング (encoding) は、互いに相互作用しながら発達していると考えられるからである。その際、L2 学習者のスペリングの特徴や発達段階についても考察する。また、高次レベルのリーディング (reading comprehension) とスペリングとのかかわりについては、Good Reader Poor Speller (R+S-) の研究をもとに行っていく。英語母語話者を対象とした L1 研究において見られる R+S- は、低次レベルのスペリングでは平均以下の能力であるのに、高次レベルのリーディング (reading comprehension) においては優れているという特異なタイプである。日本人の英語学習者の中にもこういったタイプが存在するのかどうかをまず確認し、そういったタイプの特徴を追究することにより、decoding や低次レベルのリーディングから高次へと移り変わるその一端を、より明らかにできるものと考える。また、L2 リーディングとスペリングのかかわりをある程度明らかにした上で、リーディング能力とスペリング能力を統合的に測るテストについて検討する。

第3節　本論文の構成

　日本人学習者のリーディングとスペリングの能力が、互いにどのように関わり、発達していくのかについて、Good Reader Poor Speller (R+S-) の研究をもとに考察していくために、本論文は 7 章から構成されている。
　まず第 1 章では、研究の目的を述べ、本研究の着眼点となった日本の英語教育の特徴と、英語のリーディング能力とスペリング能力の研究における問題の所在を明らかにする。その中で、日本人の英語学習者のリーディングとスペリングを、両者のかかわりの中で研究することや、両者の間に著しい力の不均衡が見られる Good Reader Poor Speller (R+S-) の研究をもとにして考察することの意義を述べる。また書き言葉の処理能力を統合的に測るテストの必要性を述べる。
　第 2 章においては、まず第一言語 (L1) におけるリーディング能力とスペリング能力の発達についての先行研究を概観する。ここにおいて、英

第1章　序　論

単語のリーディング（この場合は音読を指しており、decoding と捉えられる）とスペリングの両方において、文字と音の連関知識（letter-sound correspondence）がどのように関わっているかを中心に考察する。次に L1 における Good Reader Poor Speller（R+S-）についての研究を概観する。それにより、L1 の R+S- の特異な一面を明らかにする。また L2 における数少ない R+S- の研究についても言及する。

　第 3 章においては、英語を学ぶ日本人学習者におけるリーディング能力とスペリング能力が、文字と音の連関規則とそれぞれどのように関わっているかについて、概略的な研究を行う。これは、L2 におけるリーディング能力とスペリング能力が、どのように関わっているかについて詳しく知るための、前段階の研究であるといえる。英語の文字と音の連関知識の有無を知るために、単音節のナンセンス・ワード（擬似語）の書き取りテストを実施する。それに加えて、読解力テスト、規則的なつづりの語、不規則なつづりの語を含む語のスペリング・テストを実施し、それら 4 つの要因の相関関係を探る。

　第 4 章からは R+S- に関わる実証的な研究となる。第 4 章においては、日本人の英語学習者の中にも R+S- タイプの学習者が存在するのか、また存在するとすれば、どのような特徴を有しているかについて調査する。第 4 章では 2 つの実験を実施することとした。実験 1 では Joshi and Aaron (1991) の先行研究で、R+S- は音読速度が遅いという報告がなされていたことから、L2 学習者の R+S- にも同じ特徴があるのかどうかを調べる。実験 2 では、さらに被験者に同じテキストを複数回音読させることにより、その変容を観察する。R+S- は、複数回音読していくうちに、1 回だけでは分からなかった特徴を示す可能性が高いと推論したからである。また各タイプ（R+S+, R+S-, R-S+, R-S-）のスペリング・エラーを分析し、特徴を探る。

　第 5 章においては、第 4 章において R+S- の decoding と S- の側面を明らかにしてきたことを受けて、今度は R+S- の R+ の側面に着目する。つまり、なぜ R+S- は、R+ になりえているのかについて、形態素の習得を

9

中心として追究する。英文を読解できるためには、形態素的な語（たとえばpainful）について、語あるいは語幹の意味的な側面（「痛み」）と形態的な側面（「pain + ful」）の両面を習得している必要がある。前者は単語の意味を覚える語彙学習の領域と関係があるが、後者は単語の内部を分析し、ある程度の規則性を見出すという点で、スペリング能力とも関係している。形態素の習得を研究することにより、R+S- はどのようにして R+S- になったのか、また L2 における一般的なスペリングとリーディングの発達についても示唆が得られるものと思われる。

　第 6 章においては、L2 のリーディング能力とスペリング能力を統合的に測るテストとして、「書き写し＝copying」の妥当性について探る。第 3 章、第 4 章、第 5 章の研究で、L2 におけるリーディング能力とスペリング能力のかかわりが、ある程度明らかにされてきている。それを受けて第 6 章では、このかかわりのある 2 技能を統合的に測るテストの妥当性の検証を試みることとする。その際、「書き写しスパン」と「書き写しスピード」ではどちらがより、書き言葉の処理能力を測る指標として適切であるかを調べることとした。そのために、英語の読解力テスト（多肢選択タイプのクローズ・テスト）、英語のディクテーション・テスト、書き写しテストを課し、相関関係を調べる。

　最終章第 7 章では結論として、本研究を総括し、第 2 章で設定した研究課題について答えていく。そして、日本人学習者の中にも見受けられる R+S- を中心に、スペリング能力とリーディング能力（decoding）、またスペリング能力と読解力の関連を述べ、通常の発達の様態を提示する。その上で、逸脱の起こりやすいポイントを指摘し、それを回避するために効果的であると思われる方策をいくつか提案する。今後の研究課題として、R+S- のリーディング・ストラテジーの実相や、教育上の方策としての書き写しの可能性を示唆する。

第2章 スペリング能力とリーディング能力の関係についての概説

　第2章では、まず第1節で、スペリングとリーディングに関して、多彩な発展をみせるL1研究を概観する。その中でL1にみられる「Good Reader Poor Speller ＝ R+S-（読みは普通以上であるのにスペリングにおいては劣っている人のこと）」の特徴とその意味について考える。次に第2節において、L2のスペリングとリーディングの発達について概観する。その際、L1の影響なども考慮する。またL2におけるR+S-について触れ、それらを基にして研究課題を設定する。

第1節　L1におけるスペリングとリーディングの発達

1.1. L1における音韻認識、文字と音の連関知識とスペリング、リーディング

　英語母語話者を対象とした研究（L1研究）において、リーディングの習得には音韻認識（phonological awareness）が関わっていることが発見されて久しい。たとえばBradley and Bryant (1978) は、英語母語話者の子供を良い読み手と未熟な読み手に分類し、母音の聞き分け（nod, red, fed, bed）や、最後の子音の聞き分け（weed, peel, need, deed）などの音韻テストを実施した。その結果、未熟な読み手はどのテストにおいても良い読み手よりも得点が低かったということを発見した。さらにBradley and Bryant (1983) は、長期的調査を行い、4～5歳時の押韻（rhyme）や頭韻（alliteration）の認識が、3年後のリーディング能力とスペリング能力を予測した、と報告している。Bradley and Bryantのこれらの研究を皮切り

に、その後、音素の認識、押韻の認識がスペリングやリーディングにどのように関係するのかといった研究が多角的に為されてきた。

　L1 の習得の際に常に考慮に入れなければならないのは、L1 は通常、話し言葉が先行しているということである。そこで、聞いてわかる言葉でも、なかなか読めるようにならない、書けないという問題が生じうる。上で述べたように、L1 リーディングにおいて、音韻認識（ひとつの英単語が実はより小さな単位の音素のつながりから成り立っているという認識）が重要な要素とされている。それは、押韻（rhyme）の特徴を把握するほか、たとえば TEN という言葉にはいくつ音が含まれているか、といった分析的なタスクをこなせることを意味している。音の連鎖に対して分析的になれないということは、その後、英単語の音とつづり字を結びつけていく段階での困難を予見させる。たしかに実際の英単語に人工的に似せて作った擬似語（pseudowords）（たとえば shum, laip など）を音読するタスクにおいて、読み（黙読も含む）の未熟な子供は、通常の子供に比べて困難を感じるという研究結果が多く報告されている（Ehri and Wilce, 1983; Waters et al., 1985）。

　一方で、音韻認識力、特に音素の認識は、初めから備わっているものではなく、就学後、リーディングやスペリングを学習することにより、逆に発達するのではないかという、相互作用を示す研究も報告されてきた。たとえば、個々の音素の認識作業（cat/kǽt/ から、最初の /k/ を取るとどうなるか、などのタスク）は高難度の作業であり、子供は音素を認識する前にまず syllable の単位で認識する（Treiman and Baron, 1981）。また、音の分析は音素ではなく、onset-rime（beak/bɪk/ であれば、/b/ が onset、/ɪk/ が rime にあたる）から始まる、などの研究がある（Treiman, 1983; Treiman and Zukowski, 1991, 1996）。Treiman and Zukowski (1991) は、就学前の児童（平均年齢5歳1ヶ月）、幼稚園児（5歳9ヶ月）、小学校1年生（7歳）の3つのグループに対して、syllable (hammer, hammock), onset-rime (plank, plea), phoneme (steak, sponge) の認識テストを行ったところ、就学前の児童と幼稚園児は、phoneme の聞き分けにおいて、syllable や

onset-rime よりも劣っており、小学校1年生のみ、その3つの条件を同等にこなすことができた。追加的実験の結果も踏まえ、Treiman and Zukowski (1991) は、syllable と onset-rime の認識は、書記体系（writing system）の知識を必要とすることなく向上しうるが、phoneme の認識は、少なくとも部分的には、書記体系、つまりスペリングを学ぶことから逆に発達するのではないか、と述べている。

スペリングの観点からみると、たしかに音韻認識はリーディング過程においてよりも、さらに必要になるといえる。初期のリーディングが主に単語の視覚的特徴に頼っているのに対して、スペリングはひとつひとつの文字を書き起こしていかなければならないので、より体系的な音韻ストラテジーが必要となる。Juel et al. (1986) は、文字と音の連関に関する知識（letter-sound correspondence）を the cipher knowledge と呼び、スペリング能力に深く関わっていることを実証的に示し、その the cipher knowledge には音韻認識が影響していることを明らかにした。また、Gough and Walsh (1991) も、文字と音の連関知識に着目し、それを理解している子供のほうが、そうでない子供よりも、例外的なつづり字の単語（aisle, tomb など）を早く習得したことを示し、リーディングとスペリングにおける文字と音の連関知識の重要性を指摘している。

ここにおいて、L1 の子供の読み書き能力の発達過程の中で、音韻認識、文字と音の連関知識、スペリング能力、リーディング能力は、相互にどのように関連しあっているのかが興味深い問題となる。Cataldo and Ellis (1988) は、この4者の関係を、4～5歳の子供、40人を対象に2年間の継続的研究を行うことにより、明らかにしている。彼らは被験児に次のテストを課した。

①リーディング（96の英単語の音読、すべて CVC パターン）
②スペリング（リーディングで課した単語のうち32）
③暗示的音韻認識テスト（たとえば、語頭が同じ音で始まる単語の中から、違うものを選ぶタスク）
④明示的音韻認識テスト（たとえば、CVC からなる単語の最初の音を

切り離して、C-VC にするタスク）
⑤アルファベットの一文字を見せて "What sound does this letter make?" とたずねる。

　これらの因果関係を探るためパス解析を行い、リーディングとスペリングに関わる要因を洗い出した。段階1（初期段階）では次のようなことが明らかになった。暗示的音韻認識が初期のリーディングに直接的に影響を及ぼす。明示的音韻認識は、まずスペリングに影響し、それからリーディングにつながる。スペリングは文字と音の連関規則を形成する機会を与えるものと推測される。段階2（中期段階）では、暗示的音韻認識のリーディングに与える影響は減少する。しかし、スペリングは依然としてリーディングに強い影響力を持つ。明示的音韻認識がスペリングを通して、リーディングに転移していると思われる。段階3（後期段階）では、明示的音韻認識がリーディングに直接影響し始める。スペリングがペースメーカーの役割を果たし、文字と音の連関を強化しているものと思われる。以上のことを簡略にあらわすと次のようになる。

段階1
　　暗示的音韻認識→初期リーディング
　　暗示的音韻認識→明示的音韻認識
　　明示的音韻認識→　スペリング　→リーディング
　　　　　　　（文字と音の連関規則）
段階2
　　明示的音韻認識→スペリング
　　スペリング→リーディング
段階3
　　明示的音韻認識→スペリング
　　明示的音韻認識→リーディング

ここにおいて、明示的音韻認識はまずスペリングに大きく関わっているこ

と、そして、そのスペリングを通して、明示的音韻認識はリーディングの発達に関与していくことが明らかにされた。また文字と音の連関規則の知識を得るまでにも、明示的音韻認識が重要となることが確認された。Cataldo and Ellis (1988) は、明示的音韻認識を得るまでには、rhyme の認識を経ること、また、明示的音韻認識は暗示的音韻認識から徐々に習得され、それにつれて単語に対する対処のしかたも、global strategy から analytic strategy へと変化していくと述べている (p. 107)。

1.2. L1 における Good Reader Poor Speller (R+S-)

前節までは、リーディングとライティングの関係を、音韻認識と文字と音の連関知識を軸にして概観してきたが、これまでのところ、リーディングとは主に、「ある英単語を声に出して読むことができるかどうか」、つまり脱コード化 (decoding) を指していた。まず decoding が研究されたのは、Grabe (1991) の指摘にあるように、decoding は意味理解も含めた自動的語認識 (automatic recognition skill) の基底にある能力であり、将来的な流暢な読みにつながる基礎的な能力だからである。本節においては、さらにそこから進んだ段階のリーディング、つまり読解力 (ある程度の量の英文を、ある程度の速度で読める力、reading comprehension) の発達とスペリングの関係も含めて探る。その際、興味深いのは、リーディング (decoding と reading comprehension の両方を含む) は優れているのに、スペリング力は未熟な Good Reader Poor Speller (R+S-) の存在である。L1 研究においては、こうした事例が1980年代ころから報告され始め、音韻認識からリーディング (読解力) に到るプロセスでスペリング能力がどのように関わっているかについて、興味深い洞察を与えてきた。

R+S- についての先見的研究は、Frith (1980) である。Frith (1980) は、12歳の子供120人に、リーディング (この場合は英単語の音読、つまり decoding) とスペリングのテストを課し、そのうち10人を Good Reader Good Speller (R+S+)、10人を Good Reader Poor Speller (R+S-)、9人を Poor Reader Poor Speller (R-S-) と特定し、それぞれのスペリング・エラー

を観察した。その結果、R+S- と R-S- とで、同じくらいの量のスペリング・エラーが観察されたが、R+S- のほうが、R-S- よりも phonetic error（たとえば、cough を coff とつづったり、search を serch とつづるなどの文字と音の連関規則にのっとっている間違い）が多かったことが明らかにされた。このことにより、R+S- は、文字と音の連関規則は理解しているけれども、その次の段階、つまり同じ音をあらわすいくつかの可能な文字（/i:/ に対して、ee と ea など）の中から、正しい文字を選ぶ段階でつまづいていることが指摘された。

一方で、Waters et al. (1985) は、リーディングを reading comprehension と捉え、スペリングとの関係を調査している。reading comprehension の測定には、The Stanford Diagnostic Reading Test を用いている。9歳の子供、150人の中から、R+S+12人、R+S-12人、R-S-12人の3グループを特定し、それぞれのスペリング・エラー及び、英単語の音読（decoding）の反応潜時とエラーを調査した。その結果、スペリングに関しては、R+S+ に比べると、R+S- と R-S- は、スペリング・エラーが有意に多く、それは黙字が含まれるなどの例外的なつづり（ache など）のみならず、文字と音の連関規則にのっとった規則的なつづり（dish など）においても、同様の傾向が観察された。また phonetic error に関しても、R+S+ に比べると R+S- と R-S- は、そのパーセンテージが有意に低かった。結局、R+S+ に比べると、R+S- と R-S- は文字と音の連関規則にさほど精通していないということが明らかになった。一方、英単語の音読の反応潜時に関しては、R+S+ と R+S- は、R-S- よりも速い速度で反応していたが、エラーに関しては、R+S+ に比べると、R+S- は規則的なつづりと例外的なつづりの読みの両方において、有意にエラーが多かった。このことから、Waters et al. (1985) は、R+S+ に比べると、R+S- は文字と音の連関規則に関する知識が不十分であり、そのことが英単語の音読とスペリングの両方の低得点に関わっていると結論づけている。

この結論は、Frith (1980) の「R+S- は少なくとも、文字と音の連関規則は習得している」という結論とは異なっているように思われる。しかし、

Frith (1980) と Waters et al. (1985) とでは、R+ の設定の仕方が異なっていたことを忘れてはならない。Frith (1980) の R+ は、英単語の音読 (decoding) に優れていた被験者であったのに対して、Waters et al. (1985) では、読解力 (reading comprehension) に優れた被験者であった。Bruck and Waters (1988) は、Frith (1980) と Waters et al. (1985) のこの結果の違いをより詳細に検討するため、上に述べた R+ の設定の違いに加えて、年齢の違い、スペリング・エラーの捉えかたの違いを考慮に入れて、新たに実験を実施した。Bruck and Waters (1988) は、第3学年（9歳）と第6学年（12歳）の両方の年齢層を被験者とした。また、リーディングの捉えかたが、先に述べたように、Frith (1980) では decoding、Waters et al. (1985) では、reading comprehension であったため、Bruck and Waters (1988) では、Good Decoder Poor Speller (D+S-) と Good Comprehender Poor Speller (C+S-) の両方について調査することとした。

結果は次のようになった。Good Decoder Poor Speller (D+S-) のスペリング・エラーは6学年の被験者において、D+S+ と同じ傾向を示した。つまり D+S- は、非常に基本的な文字と音の連関規則は理解していることが明らかにされ、この点において Frith (1980) の結果を支持することとなった。一方、Good Comprehender Poor Speller (C+S-) については、3学年においても6学年においてもスペリング・エラーの傾向は C-S- と同じ傾向を示しており、やはり基本的な文字と音の連関規則には精通していないことが明らかになった。これは Waters et al. (1985) の結果を支持しており、しかも3学年（9歳児）のみならず6学年（12歳児）においても同じことが言えることも報告された。

Bruck and Waters (1988) の結果は、結局 Good Comprehender Poor Speller は Poor Decoder Poor Speller であることをはっきりと示している。この点に関して、彼女たちは次のように述べている。

> The finding that a small number of children show asymmetries between word-recognition and comprehension skills is consistent with previous studies of good readers-poor spellers (e.g., Jorm, 1981; Waters et al., 1985)

and suggests the spelling problems of mixed spellers (i.e. R+S-) are not so unexpected. Rather, it is their strength in one area of reading that is unexpected. (Bruck and Waters, 1988, p. 89)

言うまでもなく、リーディングを reading comprehension と捉えた場合は、decoding を超えたスキル（たとえば、文法知識や語彙力、推論する力など）が必要になり、様相はより複雑さを呈することになる。Bruck and Waters (1988) は、Good Comprehender Poor Speller は、decoding の弱点をトップダウン情報の処理技術を用いて補っているにちがいないと推論し、Bruck and Waters (1990) において実証を試みた。

　Bruck and Waters (1990) は、R+S- (＝ C+S-, Good Comprehender Poor Speller) のリーディングプロセスを明らかにするため、6学年の児童の中から3グループ（C+S+, C+S-, C-S-）を特定し、読解後の思い起こしやリスニング、また語認識などのさまざまな言語テストを実施した。その結果、Bruck and Waters (1990) は、C+S- のリーディング成績は表面上は C+S+ と変わらないように見えるけれども、C+S- は個々の単語の認識が遅く、それがテキストを黙読するのに長い時間を要することと関わっており、本当の意味での熟達した読み手とはいえないことを示した。それと同時に C+S- は、その不足を他の言語技能やコンテクストを使う技術で補っていることも示唆された。

　このことと関連して興味深いことは、C+S- のスペリングの能力に、C-S- には見られない特徴があったことである。Bruck and Waters (1990) は、C+S+, C+S-, C-S- のスペリング能力を測るために、5種類のタイプの英単語を用意した。それらは、規則的なつづりの語（Regular words、文字と音の連関が規則的であるタイプ、たとえば plant など）、準規則的なつづりの語（Regular* words、文字と音の連関が規則的ではあるけれども、/i:/ に対して ee と ea など、いくつかの選択肢があるもの、たとえば fever など）、正字法的なつづりの語（Orthographic words、正字法規則によって、ある程度予測が可能であるタイプ、たとえば patch など）、形態素的な語（Morphologic words、たとえば landed や acts のように接尾辞の知識によっ

第2章　スペリング能力とリーディング能力の関係についての概説

てつづることのできるタイプと、sign や grammar などのようにそれぞれ signal, grammatical といった形態素的な関連語の語幹になっているタイプ）、奇妙なつづりの語（Strange words、不規則なつづりや黙字が含まれているタイプ、たとえば yacht や people など）の5種類であった。それら5種類すべてについて、聞いてつづりを書く「産出テスト」、また準規則的な語、形態素的な語、奇妙な語については4つのつづりを提示され、その中から正しいものを選ぶ「認識テスト」、さらに正字法的なつづりの語と形態素的な語については擬似語を文脈の中で書きかえるテスト（inffrattacal → infrattar）が課された。その結果、すべてのタイプにおいて、C+S+ は、C+S- や C-S- よりも有意に高い点数を取っていた。しかしながら、C+S+ には及ばないとはいえ、C+S- は C-S- よりも準規則的な語と形態素的な語の2タイプについて有意に勝っていた。このことについて Bruck and Waters (1990) は、特に形態素的な語には linguistic knowledge が必要とされることから、C+S- は C-S- よりも「読みの経験（reading experience）」が豊富であり、多く印刷物（print）に接していることにより、linguistic knowledge を発達させることができたのではないかと推論している。

　結局、Frith (1980) と Waters et al. (1985) の結果は、矛盾していたのではなくそれぞれ異なるレベルのリーディングとスペリングの関係を示していたのだと考えられる。リーディングを decoding と捉えた場合のスペリングとの関係は、Cataldo and Ellis (1988) と Frith (1985) の表によって説明できるであろう。Frith (1985) はリーディングとスペリングの発達を6段階に分けて示している。以下にその6段階を示した表を引用する。

　子供はまず、リーディングにおいて、単語の大まかな特徴を把握し（logographic 1）そのまま次の段階へとすすむ（logographic 2）。そこからライティングへと転移し（logographic 2）、それを維持しつつライティングにおいて次の段階、つまり alphabetic 1 へと移行する。ライティング（スペリング）でひとつひとつ音とつづりを結びつけていくうち、連関に気づくようになり、その知識はリーディングへと転移する（alphabetic 2）（こ

19

表1　The Six-step Model of Skills in Reading and Writing Acquisition

Step	Reading	Writing
1a	*logographic* 1　↓	(symbolic)
1b	logographic 2　→	logographic 2
		↓
2a	logographic 3	↓　*alphabetic* 1
2b	alphabetic 2　←	← alphabetic 2
	↓	
3a	*orthographic* 1　↓	alphabetic 3
3b	orthographic 2　→	orthographic 2

(Frith, 1985, p. 311)

の転移の方向性は Cataldo and Ellis の研究結果とも一致している)。リーディングではその知識を維持しつつ、今度は大まかな形ではない、文字と文字の結びつきの特徴に気づくようになる (orthographic 1)。さらにそれは、発展し (orthographic 2)、最後にライティングの表出においても、その知識を駆使するようになる (orthographic 2)。Frith (1980) で観察された R+S- は、Frith (1985) 自身の説明によると、3a の orthographic1 のつまづきによるものである。orthographic knowledge に精通していないことは、リーディングにおいてはほとんど支障にならないが、ライティング（スペリング）においては、支障になりうる。リーディングを decoding と捉えた場合、R+S- の存在は、発達の段階で起こりうる、力のアンバランスであるといえる。

　一方で、リーディングを reading comprehension と捉えた場合は、説明がより困難になる。先に述べたように、C+S- は、Poor Decoder であるので、Frith (1985) の段階で考えると、2b の段階でつまづいているともいえる。はたして、そうした子供が良い読み手たりうるのか？　通常は、Good Decoder から Good Comprehender という道すじを通るはずであるが、こうした子供は、何らかの補償ストラテジーを用いることでリーディングを行っているといえる。Bruck and Waters (1990) は、「読みの経験」

がこうした力のアンバランスを作りだした可能性がある、としている。つまり、C+S- は、文字と音の連関規則の知識においては未だ不足があるけれども、読みの経験が豊富であったため、語彙力や読むことそのものに用いられるストラテジーを先に体得したのかもしれない、というのである。

また先述したように、C+S- は形態素的な語については C-S- よりも優れていた。これについても Bruck and Waters (1990) は、C+S- のほうが C-S- よりも「読みの経験」が豊富であるために、形態素的な語の操作に必要な linguistic knowledge を発達させることができたのであろうと推論している。最後に、読解力とスペリング能力の関連について、Bruck and Waters (1990) は次のように述べている。

> The present data suggest that reading experiences do not affect basic components of spelling skills which involve visual information or use and knowledge of the basic sound-spelling correspondences. On the other hand, our data suggest that reading experiences provide an important foundation for the development of other component spelling skills. Mixed subjects (= C+S-) performed better than Poor subjects (= C-S-) on those spelling tasks that involved higher levels of linguistic knowledge, especially those involving use and knowledge of morphological information. In general these data suggest that reading and spelling skills are highly interdependent in two different ways: they depend on some of the same skills, and reading experiences affect the development of some component spelling skills.
>
> (Bruck and Waters, 1990, p. 201)

つまり読解力とスペリング能力に共通する要素として、「視覚情報の処理」や「文字と音の連関知識」が挙げられるが、「読みの経験」があるからといって、それらの要素に関わる能力や知識に好影響を及ぼすわけではない。そこで読みとスペリングの力の間の不均衡は埋まらず、C+S- が起こりうる。しかし、「読みの経験」は単語の形態素に関する知識には影響を与えている可能性はある、つまりスペリング能力のひとつの構成要素でもある形態素の知識に影響を与えることはありうる、ということである。言い換

えれば、読解力は「視覚情報の処理」や「文字と音の連関知識」との相互作用はあまりないけれども、「語の形態素的な知識」との相互作用はありうることを示唆している。

第2節　L2におけるスペリングとリーディングの発達

2.1. L1の書記体系の影響とL2スペリング、リーディング

　L2におけるスペリングとリーディングの発達について考えるとき、L1の書記体系の影響を無視するわけにはいかない。ここでは、まず中国語や日本語のような logographic language をL1とする学習者が、alphabetic language である英語を認識する場合の影響について簡単に概観する。Koda (1998) は、logographic language である中国語をL1とする学習者と、non-Roman alphabetic script であるが syllabic である韓国語（ハングル）をL1とする学習者を対象に、英語の音素認識と擬似語の音読テスト（decoding test）を行い、L1による認識の違いを調査した。結果としては、どちらのテストにおいても両グループ間に有意差はみられなかった。ただし、韓国語をL1とする被験者においては、音韻認識や擬似語の読みは、読解力と有意な相関を示したのに対して、中国語をL1とする被験者においては、有意な相関はみられなかった。Koda (1998) は、このことから、L1の書記体系はL2の音韻認識に直接に影響は及ぼさないけれど、L2を処理する過程（つまり読解過程）においては何らかの影響力を持つようだ、と述べている。同様に、Akamatsu (1999) は、L1の書記体系のL2の認識に対する影響を、case alternation の手法を用いて調査した。中国語（logography）、日本語（syllabary and logography）、さらにペルシア語（alphabet）をそれぞれL1とする被験者およびコントロール群として英語母語話者を加えた4グループを対象として、case alternation（大文字と小文字を用いて、単語を変容させる手法、cAsE aLtErNaTiOn など）を施した英単語を用いて実験を実施した。反応速度とエラーを測定したところ、

case alternation に影響を受ける度合いは、中国語および日本語を L1 とする被験者のほうが、ペルシア語を L1 とする被験者よりも大きいことが明らかになった。

　上記2つの研究は、L1 の書記体系が L2 の単語認識や読解過程に、ある程度の影響を及ぼすことを示しているといえる。その一方で、L1 の書記体系のスペリングに対する影響はどうであろうか。Cook (1997) は、L1 の子供、L1 の大人、L2 学習者（大人）が書いた作文の中から、スペリング・エラーのサンプルを抽出し、コーパスを作り分析した。分析に用いたエラータイプは、Insertion, Omission, Substitution (*definite* に対して、*definate*)、Transposition (*friend* に対して、*freind*)、Grapheme substitution (*thought* に対して、*thort*)、Other (*thought* に対して、*fought*) の6タイプであった。L2 の大人の中には26カ国からの L2 学習者が含まれており、当然その L1 は、logographic, syllabic, alphabetic とさまざまであったが、Cook (1997) は、L1 別に分けて分析するのは生産的ではないとして、まとめて分析している。次に分析結果をまとめた表を引用する。

表2　Comparison of Spelling Mistakes by L1 Children, L2 Users and L1 Users

	L1 children	L2 adults	L1 adults
N	1492	375	40
Insertion	562 (17.0%)	85 (22.3%)	77 (21.9%)
Omission	1208 (36.0%)	120 (31.5%)	153 (43.5%)
Substitution	640 (19.0%)	121 (31.7%)	94 (26.7%)
Transposition	179 (5.0%)	12 (3.1%)	5 (1.4%)
Grapheme substitution	650 (19.0%)	14 (3.7%)	12 (3.4%)
Other	103 (3.0%)	29 (7.6%)	10 (2.8%)
Total mistakes	3342	381	351

(Cook, 1997, p. 479)

　Cook (1997) は、分析の結果を検討したのち、結論として、L2 学習者のスペリング能力は、L1 の子供や大人と比べて、大きな違いはない、と述べ

ている。エラー・タイプの分布がほとんど同じパターンを示していることから、L1 の書記体系の影響は、一般に考えられているほどは大きくないのではないかと推察している。Cook (2004) では、ある L1 に特徴的なスペリング・エラーは厳然として存在するが（たとえば日本人学習者による /l/ と /r/ の混乱による *brack* など）、それが L1 の音韻システムからの干渉なのか、それに関わる書記体系からの干渉なのかは、判然としない、と述べている。

　たしかに、L2 を習得しようとする際に、L1 の影響をまったく考慮に入れないわけにはいかないであろう。英語のような alphabetic language を習得しようとするなら、alphabetic language を L1 とする学習者のほうが有利であるかもしれない。ここで日本語のことを考えてみると、日本語の漢字は logographic であるけれども、ひらがなは syllabic であり、さらにそれをアルファベット化するローマ字表記も存在する。これは、alphabetic language を習得する際に有利な条件である。日本人の子供は「いぬ」というひらがな表記からこれは 2 音節であることを知る。さらにローマ字を学習することで、inu とつづられることを知り、「ぬ」は n と u という 2 つの音素で成り立っていることを知る。これは、まさしく英語母語話者が音素（phoneme）の認識をする前に、音節（syllable）や rime の認識をする、というその認識の順序と合致するものであり、日本人は日本語の書記体系を学ぶ中で自然に音節と音素の認識を深めていっているといえる。むろん、英語のつづりと音の連関は複雑なので、この段階が問題なのではあるが、この点は、L1 の子供や大人にとっても難関なのである。少なくとも日本人が英語のスペリングを学習するにあたり、日本語の書記体系が始めから非常に不利に働く要素になるとはいえないと思われる。

2.2. L2 のスペリングとリーディングに関わる要素、及び Good Reader Poor Speller (R+S-)

　今まで述べてきたように、L1 においては、音韻認識や文字と音の連関知識が、スペリングやリーディングとどのように関わっているかがある程

第 2 章　スペリング能力とリーディング能力の関係についての概説

度明らかにされてきている。しかし L2 においては、そうした網羅的な研究は、まださほど数は多くない。その中で、Wade-Woolley and Siegel (1997) の研究が L2 使用者のスペリングとリーディングの両方を扱っており、参考になると思われる。彼女たちは、L2 使用者と英語母語話者のスペリング能力とリーディング能力（この場合は、英単語の音読つまり decoding）に、どのような要因が関わっているかを調査した。被験者は第 2 学年（8 歳）の児童で、40 人の L2 使用者と 33 人の英語母語話者という内訳であった。被験者には次のようなテストが課された。

① CVC パターンの英単語のスペリング
② CVC パターンの擬似語（bup/bʌp/, kib/kɪb/ など）のスペリング
③ CVC パターンの擬似語の音読（ただし②で用いた以外のもの）
④ 音素の削除（pink という言葉から /p/ を取ったら、何が残る？といったもの）
⑤ 擬似語のレペティション
⑥ 口頭によるクローズテスト
⑦ 統語判断テスト
⑧ 作動記憶テスト
⑨ レキシカル・アクセス（絵を見て、それが指し示す英単語をすばやく言う）

結果は次のようになった。L2 使用者と英語母語話者のスペリングの成績には有意差は見られなかった。重回帰分析の結果、L2 使用者においても英語母語話者においても、スペリング能力に関わっているのは、③擬似語の音読（decoding）と④音素の削除であることが明らかになった。Wade-Woolley and Siegel (1997) はまた、同じ被験者を L1, L2 関係なく、事前に行ったテストによって Average Readers (Decoders) と Poor Readers (Decoders) に分類し、彼らのスペリング能力に関して、同じように重回帰分析を行っている。その結果、Average Readers のスペリング能力には、やはり擬似語の音読力が最も大きく貢献していることが報告された。これらの結果から、L1, L2 に関係なく、スペリング能力には音素の認識と擬

25

似語を音読できる decoding 能力、つまり音素と文字を結び付ける能力が関わっていること、またそれは、リーディング能力にも関係していることが明らかにされた。Wade-Woolley and Siegel (1997) はさらに、L2 使用者の L1 がさまざまであったのにもかかわらず、スペリングの結果には目立った違いがなかったことと、Poor Reader が Poor Speller であったことから、スペリングと関連しているのは L1 ではなく、むしろ L2 のリーディング能力である、と述べている。結局、英語を L2 として学ぶ場合においても、文字と音の連関規則の知識がスペリング能力とリーディング能力の発達の基軸にあり、鍵を握っていることがわかる。

　次に L2 における Good Reader Poor Speller の研究を概観するが、例が少なく、わずかに Yamada and Kawamoto (1991) のみである。Yamada and Kawamoto (1991) は、日本人学習者を対象に L2 リーディング（reading comprehension）とスペリングが、即時的な単語認識とどのように関わるかを調査した。その際リーディングとスペリングに関し極端な4タイプ（R+S+, R+S-, R-S+, R-S-）の被験者を設定し、実在の英単語と擬似語をそれぞれコンピュータースクリーン上に提示し、即時認識テストと即時スペリングテストを実施した。その結果、リーディング能力に関わりなく、スペリング能力の高い被験者、つまり R+S+ と R-S+ タイプが英単語認識で良い成績を残した。逆にいえば、R+S- は英単語認識に誤りが多く、Poor Decoders であったといえる。これは Bruck and Waters (1988) が報告した L1 の子供のパターンと同じである。Yamada and Kawamoto (1991) は、このことについて、文字と音の連関や正字法規則の知識が必要とされる、単語認識やスペリング能力と、いわゆる読解力とは、異なる方法で発達するのではないかと推論している。また、彼らは Good Speller の特徴として、瞬間的に視覚で捉えた文字列を良く記憶している点が挙げられる、と述べている。

2.3. 研究課題

　本章では、L1 のスペリング能力、リーディング能力の発達の関係を概

観したのち、L2 のスペリング能力、リーディング能力の発達について考察した。その際、それらの能力に不均衡のある R+S- タイプを主として取り上げてきた。以下に L1 および L2 学習者に関してここまでで明らかになっていることをまとめ、研究課題を設定する。まず、L1 において、リーディングを decoding と捉えた場合、スペリングとリーディングは互いに相互作用しながら発達しており、スペリングが文字と音の連関規則を学ぶ機会を与え、ペースメーカーのような役割を果たしている。またスペリングとリーディングの両方において、文字と音の連関知識が役割を果たしていることも明らかにされた。L2 においては、Wade-Woolley and Siegel (1997) において、Good Readers（この中には L1 と L2 両方が含まれている）のスペリングの成績に擬似語の音読能力が深く関わっていたことから、L1 と同じように、L2 においても文字と音の連関規則を理解していることが重要であることが示唆された。次に L1 の R+S- (この場合の R は reading comprehension) は、実は Poor Decoder であり、音読潜時とスペリング・エラーに関して R-S- と同じ傾向を示していた。また黙読の速度も遅かった。事例は少ないものの、Yamada and Kawamoto (1991) が示していたように、L2 学習者の R+S- が持っている傾向は、L1 の傾向と似通っていることが解った。L2 学習者の R+S- は、L1 の R+S- と同じように、即時的な語認識テストにおいて劣っているということである。このように、L2 におけるスペリングとリーディングの関係の一部分は明らかにはなっているが、L1 研究にみられるような精緻な研究にはいたっていない。L2 のスペリングとリーディングの関係を、まず文字と音の連関規則や decoding を中心により詳しく解明し、書き言葉の一般的な発達の様相を明らかにする必要がある。また Bruck and Waters (1990) が指摘していたように、リーディングは語の形態素的な知識と相互作用している可能性がある。そこで、L2 の R+S- の研究においても形態素的な語の習得を研究し、リーディング能力とスペリング能力の発達が交差する部分をより明らかにする必要もある。さらにそれらの研究を踏まえて、効果的な授業や補習教育を行うために、学習者の書き言葉の習得状況を、正しく、しかも簡便に

評価する方法を検討しなければならないと思われる。そこで、本研究において以下の3つの研究課題を設定する。

1. L2学習者のスペリングとリーディング（読解）において、文字と音の連関規則に関する知識はどの程度の役割を果たしているのかを明らかにする。
2. L2学習者の中にもR+S-が存在するのかどうかを再度確認し、R+S-の音読速度とスペリング・エラーおよび形態素の習得状況を調べることにより、その特徴をよりくわしく究明する。
3. 研究課題1と2で分かったことを基にして、L2学習者の書き言葉（リーディングとスペリング）の発達について考察する。その上で、書き言葉の処理能力を統合的に測るテストについて検討する。

第3章 L2のスペリングとリーディングにおける文字と音の連関規則の役割

第1節 本章の研究課題

　前章の先行研究の概説で述べたように、L1研究において、文字と音の連関規則の習熟がスペリングとリーディング（音読）の両方に関わっていることが明らかにされた（Cataldo and Ellis, 1988; Gough and Walsh, 1991; Juel et al., 1986）。L2学習者、特に大学生においても、英語のつづり（特に不規則なつづり）に困難を感じている者が少なくない。そういった学習者は、文字と音の連関規則そのものを習得していない可能性がある。また、そういった学習者は、英文読解の際にも問題が生じていることが考えられる。そこで、本章において、日本人大学生のスペリング能力（規則的なつづり、不規則なつづり）と文字と音の連関規則の関係、さらにリーディング能力（読解力）との関係を調査することとする。スペリング能力とリーディング能力の関連については、この後の章で行われるR+S-の研究を通して、より詳細に解明されるテーマであり、本章の研究はその前段階にあたるものである。

　L2リーディングを読解力と捉えた場合、一般にボトムアップスキルの中でも文法力と語彙力が重要視される傾向がある。しかし、L1研究の分野においては、早い時期から単語のdecodingのような、より基本的なレベルの処理能力に注目が集まっていた。Perfetti and Hogaboam (1975) は、読解力に優れた子供は擬似語と低頻度語を音読する際の音読潜時（latency）が、有意に短いことを示し、次のように結論づけている。

　　In general terms, this relationship (between decoding and comprehension) is that word decoding is a basic skill upon which other aspects of reading depend. The process of reading for meaning depends on vocabulary knowledge, "short-term" memory, syntactic integration, inference, and other higher order overlapping skills that make demands on the same mechanism responsible for converting the printed code into the language code.

(Perfetti and Hogaboam, 1975, p. 468)

言い換えれば、単語のスムーズな decoding、いわゆる自動化された読みは読解の統合的なプロセスにとっては、欠くことのできない前提条件であるということである。実際に、L2 として英語を6年以上学んできた日本人大学生においても、英語のリーディングやライティングに困難を感じている者も少なくない。彼らの問題の一部は、単語レベルの脱コード化（decoding）やコード化（encoding）などの基本的な能力の不足によるものかもしれない。それゆえに、こうした日本人学習者の基本的能力のひとつである、スペリング処理能力と読解力とのかかわりを検討してみることには意義があると思われる。

　日本人大学生のスペリングの問題は、特に不規則なつづりにあるといえるようである。そこで本章では、まず、いかにして L2 学習者が英単語のスペリングができるようになるのか、特に不規則なつづりの習得に着目してすすめていきたい。前述したように、英語母語話者の子供の L1 習得において、文字と音の連関規則がスペリングとリーディングの習得において大きな役割を果たしていることが明らかにされている。たとえば、Bruck and Waters(1988) は、"poor knowledge of spelling-sound correspondences is a major impediment in the acquisition of both reading and spelling skills." (p. 78)と述べている。こうした L1 研究の成果を考慮に入れて、本章では、次の2点の研究課題を設定するものとする。

研究課題1．英語の文字と音の連関規則の知識が、英語の規則的なつづりと不規則なつづりのスペリング能力とどのように関わっているか。

研究課題2．英語の文字と音の連関知識はリーディング能力（読解力）とどのように関わっているか。また文字と音の連関知識を軸として考え

た場合、スペリング・プロセスとリーディング・プロセスはどのように異なっているか。

第2節　研究方法

2.1. 被験者　35人の日本人大学生（公立大学の2年生、英米文学科学生）

2.2. 材料
- 単音節のナンセンス・ワード（擬似語）（10語）
- 規則的なつづりと不規則なつづりを含む単語のスペリング・テスト
  * 規則的なつづりの語（10語）
  * 不規則なつづりの語（15語）
- 英語の読解力テスト（クローズテスト）（25項目）

単音節の擬似語は、言うまでもなく、文字と音の連関規則の知識を調査するためのものである。文字と明らかな連関を持っていると思われる10個の母音を選択し、単音節の擬似語を作成した。その母音は、[ai], [i:], [ou], [u:], [ʌ], [ə:r], [æ], [ei], [ɑ], [ɛr] であり、作成した擬似語は *tive, reen, nome, bool, lut, lerm, sant, fage, kot, lare* である。それぞれの母音はランダムに選択された子音の間に挿入されている。

規則的なつづりと不規則なつづりを含む単語のスペリング・テストに関して、まず為されるべきことは、つづりの「規則性（regularity）」を決定することである。標準化された基準を確立するために、「頻度」の概念を適用することが適切であると思われる。つまり、頻度の高いつづりは「規則的なつづり」とみなすことができ、逆に頻度の低いつづりは「不規則なつづり」とみなすことができる。たとえば、[ʌ]という音には、u, ou, oo など、いくつかのつづりの可能性がある。どのつづりを「規則的」とみなすべきかについて、2000語レベルのワードリスト（Carroll et al., 1971）を参照することで、ある程度の基準を設定することができる。[ʌ]という音

には、uというつづり（e.g. S*u*nday）が最も頻繁に用いられており（56回）、次にo（e.g. bec*o*me）が続き（34回）、ou（e.g. y*ou*ng）（9回）、oo（e.g. bl*oo*d）（1回）の順番となる。頻度から判断して、uを規則的なつづりとし、ouとooを不規則なつづりとすることは妥当である。（どこで「規則的」と「不規則」の線引きをするかについては問題が残るものの、頻度の差が極端なつづりを選べば、厳密な境界線にこだわる必要性はないものと思われる。）スペリング・テストの単語のために、選ばれた音は、[i:]、[e]、[ʌ]、[-əːr-]、[u:]、[-ər]、[ei]、[f]、[s]、[k]である。それぞれの音に対しての「規則的なつづり」と「不規則なつづり」は頻度表を参考にして決定した。また、これらを基本として、10語の規則的なつづりを含む英単語と、それに対応する10語の不規則なつづりを含む英単語を選んだ。選ばれた音、対応する規則的なつづり、不規則なつづり、またそれぞれに対応する英単語は表3の通りである。

表3　スペリング・テストに用いた英単語の音とつづり（規則的・不規則）

	規則的なつづり	不規則なつづり	対応する英単語（規則的）	対応する英単語（不規則）
[i:]	ee	e	br*ee*ze	sp*e*cies
[e]	e	ea	c*e*remony	thr*ea*t
[ʌ]	u	ou	s*u*bstance	c*ou*ple
[-əːr-]	er	our	obs*er*ve	j*our*ney
[u:]	oo	ui	f*oo*lish	s*ui*table
[-ər]	er	ier	should*er*	sold*ier*
[ei]	a	eigh	beh*a*vior	n*eigh*bor
[f]	f	gh	de*f*inition	lau*gh*ter
[s]	s	ss	con*s*ider	e*ss*ential
[k]	k	ch	sto*ck*	stoma*ch*

加えて、5つの黙字を含む英単語も選ばれた。黙字を含む英単語は、不規則なつづりの究極のものと考えられるからである。黙字を含む英単語は次のとおりである。i*s*land, *h*onor, clim*b*, *k*nife, autum*n*.（これら25語の単語自

体の頻度や被験者にとっての親密度もできる限り考慮に入れた。)

英語の読解力テストは、*Doherty and Ilyin's English Language Skills Assessment: Advanced Narrative for Levels 500-800* から抜粋されたもので、多肢選択タイプの25項目からなるクローズテストである。

2.3. 手順

すべてのテストを被験者の通常授業の中で、一斉に実施した。単音節のナンセンス・ワードとスペリング・テストは、それぞれ調査者が2度ずつ音読し、それを被験者が書き取る方法を取った。スペリング・テストにおいては、被験者にその英単語の意味を日本語で書くように指示した。これは、被験者にとって、その英単語が本当に馴染み深いものであったかどうかを確かめるためである。英語の読解力テストに関しては、英文を読み、途中で(定期的に)でてくる選択肢の中から、最もふさわしい項目を選ぶように指示した。

2.4. 採点

単音節のナンセンス・ワードについては、正確な答えに対して2点を与えた。この場合の「正確な答え」とは、その音に対応する頻度の高いつづりを書いている場合である。たとえば、[ɛr]に対応するつづりとして最も頻繁に現れるのはareかairである。そこで、lareあるいはlairとつづっていたものについては、満点の2点を与えた。その一方、learとつづっていたものについては、そのつづりの頻度は低いため、1点を与えた。

スペリング・テストに関しては、部分点を認める方法を採用した。つまり、完全正答に対して2点、部分的にあっているものには1点を与えた。この場合の「部分的にあっている」という意味は、あらかじめ選ばれたターゲットとなっている部分のつづりができている場合のことを指している。つまり、breezeのee, speciesのeなどである。たとえば、*breez *spesiesなどは、ターゲット部分があっているので、それぞれ1点ということになる。このような方法を採用した理由は、研究課題が被験者の規則的なつづ

り、および不規則なつづりのスペリング能力と、文字と音の連関規則を探るところにあったからである。

第3節　結果と考察

3.1. 結果

　平均、S.D. と相関は表4に示すとおりである。主たる研究課題が、特に不規則なつづりのスペリング能力に焦点化しているので、スペリング・テストは、規則的なつづりの語と不規則なつづりの語を分けて、それぞれ他のテストとの相関を調べた。規則的なつづりの語とナンセンス・ワードの間には有意な相関はみられなかった（$r = 0.32$, *n.s.*）。一方、不規則なつづりの語とナンセンス・ワードの間には有意な相関がみられた（$r = 0.55$, $p < 0.01$）。規則的なつづりの語の得点平均は高く、天井効果があったものとみられ（平均88.30%，S.D. 1.81）、そのことがナンセンス・ワードとの無相関につながったと考えられる。

　また、不規則なつづりの語とナンセンス・ワードの間に有意な相関がみられたことは、被験者が不規則なつづりをスペリングする際も、文字と音の連関規則の知識を使っていたことを示唆している。

表4　読解力テスト、ナンセンス・ワードテスト、スペリング・テスト（規則的）、スペリング・テスト（不規則）の相関

	1.	2.	3.	4.
1．読解力（クローズ）				
2．ナンセンス・ワード	0.38*			
3．スペリング（規則的）	0.11	0.32		
4．スペリング（不規則）	0.43**	0.55**	0.41*	
平均（％）	70.96	71.85	88.30	69.03
S.D.	2.61	3.46	1.81	4.51

*$p < 0.05$　**$p < 0.01$

第3章 L2のスペリングとリーディングにおける文字と音の連関規則の役割

次に研究課題2は、文字と音の連関規則がどのように、またどの程度、リーディング力（読解力）と関わっているかについてであった。さらには、文字と音の連関知識を軸として、スペリング・プロセスとリーディング・プロセスがどのように異なっているかについて、ある程度、明らかにすることも含まれていた。そこで、スペリング・テスト（規則的なつづりの語と不規則なつづりの語を合計したもの）、読解力テスト、ナンセンス・ワードの3者間の相関を調べることとした（表5）。読解力とナンセンス・ワード、スペリングとナンセンス・ワードは、それぞれ有意な相関を示している（$r = 0.38, p < 0.05; r = 0.55, p < 0.01$）。

表5 読解力テスト、ナンセンス・ワードテスト、スペリング・テスト（規則的＋不規則）の相関

	1.	2.	3 + 4
1．読解力（クローズ）			
2．ナンセンス・ワード	0.38*		
3+4．スペリング	0.39*	0.55**	
平均（%）			76.74
S.D.			5.50

*$p < 0.05$　**$p < 0.01$

この関連性をさらに詳細に検討するために、被験者を読解力における上位グループ（Good Reader Group）と下位グループ（Poor Reader Group）に分けて、分析することとした。読解力の差異によって、特徴が異なる可能性があるからである。読解力テストの平均（70.96%）のプラス・マイナス0.5 S.D.を基準として、76%以上正解の上位者9名と64%以下正解の下位者9名を抽出した。その上位9名、下位9名の読解力テスト、ナンセンス・ワードテスト、スペリング・テストの得点をZ変換し、図にしたものを次ページ（図1）に示す。被験者の人数が少ないので、統計処理を行うことなく、傾向を観察するにとどめる。まず、ナンセンス・ワードとスペリング・テストの結果は、両方とも平均値（50）を境に、上位グルー

プが下位グループを上回っているものの、両グループとも平均値から10（1 S.D.）以上離れてはいない。しかし、読解力に関しては、上位グループと下位グループの差異は大きく、上位グループは平均値（50）を14近く上回り、下位グループは11近く下回っている。この結果は、読解力とナンセンス・ワードの相関が、スペリングとナンセンス・ワードの相関と比べると、いくぶん低かったことをある程度説明していると思われる。読解力下位グループにおいては、読解力、ナンセンス・ワード、スペリングの3者が低いレベルで互いに関係していると思われる一方、読解力上位グループにおいては、ナンセンス・ワードやスペリングと比べて、読解力が突出し、平均値を大きく上回っていることがわかる。

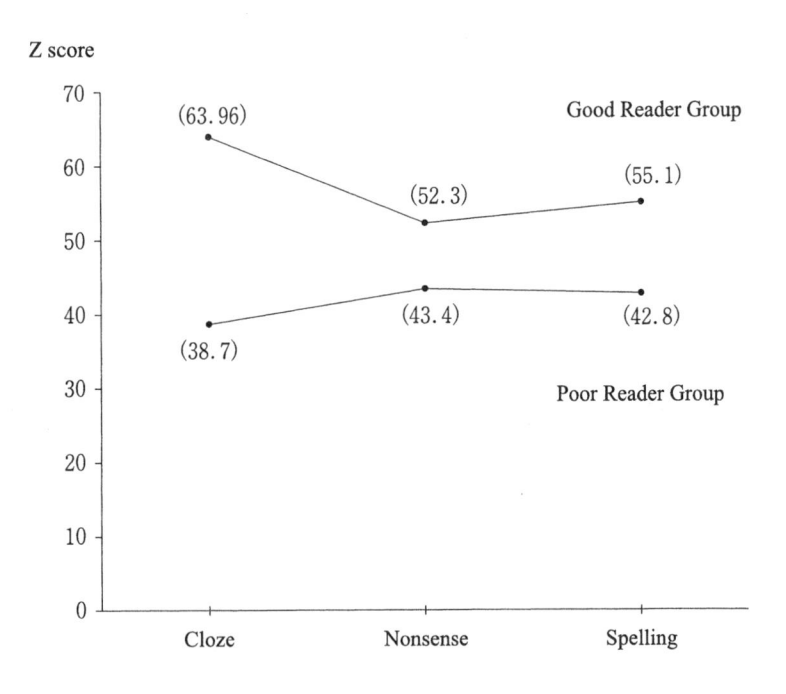

図1　読解力上位グループと下位グループの読解力テスト、ナンセンス・ワードテスト、スペリング・テストの得点（Z変換された値）

3.2. 考察

　まず、研究課題1に関して、ナンセンス・ワードは規則的なつづりの語とは有意な相関がなかった。前述したように、これは規則的なつづりの語の得点の平均値が高く、天井効果があったためだと思われ、規則的なつづりをスペリングする際、文字と音の連関規則が無関係であるとは、一概にはいえない。一方で、不規則なつづりの語とは有意な相関を示していた。このことから、文字と音の連関規則の知識と、不規則なつづりのスペリング能力の間には、因果関係があることが想定される。つまり、L2として英語を学ぶ日本人学習者が英語の不規則なつづりを内在化しようとするとき、文字と音の連関規則を利用している可能性があるということである。それは、次のような理由による。まず、スペリング・エラーの中でも、音声的エラー（phonetic error）が多く見受けられることである。音声的エラーとは、*autum, *stomack, *cupple などのように、正確なつづりではないが、音読すれば目標単語と同じ発音になるようなタイプのエラーのことである。このタイプのエラーは、ナンセンス・ワードテストで80％以上正解した被験者の中に特に多くみられた。ナンセンス・ワード得点上位者のエラーの74％がこのタイプであった。一方、ナンセンス・ワードテストで60％以下の正解率だった被験者では、このタイプのエラーは62％であった。しかしながら、どちらの場合も、この音声的エラーが優勢であった。第二点として、不規則なつづりの語に関して、観察されたすべてのエラーのうち、*honer や *journy のように、ターゲットになっている部分のつづりが合っていることにより、部分点を与えられているタイプは、*orner や *jerney などのその他のタイプよりも数が少なかった（前者が14％、後者が50％）。不規則なつづりを習得するためには、言うまでもなく、視覚的正字構造（visual-orthographic structure）の習得が不可欠となる。しかし、ここにおいて、*honer や *journy といったエラー・タイプにみられる視覚的ストラテジーは、主流ではないことが明らかとなった。

　Barron (1980) は、L1 の習得プロセスにおいて、語彙目録（lexicon）にアクセスする方法には2つあるとして、視覚的正字法的方法と、音韻的方

法を挙げている。Barron はその2つについて、以下のように述べている。

> .... It is possible, however, that visual-orthographic entries do not actually have procedures for producing spellings as they may only influence spelling indirectly through a checking process. This checking process might operate by first comparing rule generated spellings against visual-orthographic entries in the lexicon and then correcting those spellings which fail the comparison test. (Barron, 1980, p. 210)

このことは、L2学習者のスペリング習得プロセスにもあてはまると思われる。つまり、L2学習者が不規則なつづりの語を学ぶ際、まず文字と音の連関規則を不規則つづりに適用することで、音韻的ストラテジーを用い、次にその語の正字構造を視覚的にチェックしている、ということである。言い換えれば、L2学習者もL1の場合と同じように、不規則なつづりを習得するまでに、いくつかの段階を経ているものと思われる。まず、彼らは文字と音の連関知識を用いて、語の内部構造を分析し、その「不規則性 (irregularity)」を見極める。次に視覚的なチェックを通して、そのつづりを内在化させる。このプロセスは言ってみれば、線的なプロセスである。

一方、研究課題2のリーディング・プロセスとスペリング・プロセスについてであるが、本研究から明らかになったことは、文字と音の連関規則は、スペリングとリーディングの両方と有意な相関があり、ある程度のかかわりがあるということである。ただし、文字と音の連関規則は、スペリングとより大きなかかわりがあり、リーディングにはさほど大きく関わっていない、ということも推論される。特に読解力上位グループにおいて、読解力とナンセンス・ワードのかかわりは、さほど強いものとは思われない。読解力上位者は、読解力テストにおいては、平均点を大きく上回っていたが、ナンセンス・ワードテストにおいては、平均点を少し上回る程度であった。読解力とは言うまでもなく、単語レベルの「音読 (decoding)」ではなく、文章レベルの「読解 (reading comprehension)」を指している。それゆえに、流暢な黙読に関しては、ナンセンス・ワードテストで要求されるような、文字と音の連関規則の知識を100%習得しておく必要はない

第3章 L2のスペリングとリーディングにおける文字と音の連関規則の役割

ともいえる。良い読み手は、文章を読むとき、単語レベルの処理において、音韻的ストラテジーと視覚的ストラテジーの両方を用いている可能性がある。彼らは単語の正字的情報から、意味に直接的にアクセスするルート（the route of direct access to meaning）を確立しているのかもしれない。その一方で、読解力下位グループは、ナンセンス・ワードテストにおいても、平均を下回っていたことを考慮に入れると、良い読み手になるためには、やはり文字と音の連関規則は（100%ではないにしても）ある程度は知っておく必要があるといえる。単語の意味的情報は、単語の文字列の音韻的コード化のあとに得られるのか、それとも単語の文字列から視覚的、直接的に得られるのかは未だに不透明な部分も多い。L2習得の分野においては特に、文字と音の連関知識が、いつ、どのように単語の意味へのアクセスのために使われるのかについて、もっと詳細な研究が必要となるであろう。

　要約すると、本研究において、文字と音の連関規則は、特に不規則なつづりの語を習得する際には中心的な役割を果たしていること、その一方で、文字と音の連関規則はL2リーディングにおいては、部分的に関わっているということが明らかになった。それゆえに、スペリング・プロセスにおいては、音に基礎を置いたストラテジーが主流であるのに対して、リーディング・プロセスにおいては、それ以外の要因（たとえば、文法力や語彙力、コンテクストにおける推論力など）が複雑にからみあっている、ということである。

　次章においては、文字と音の連関規則に基づくスペリング能力と、読解としてのリーディング能力の関連を、特異なタイプである Good Reader Poor Speller = R+S- を詳細に研究することによって明らかにしていくこととする。

第4章　L2におけるGood Reader Poor Spellerの音読速度とスペリングの特徴について

第1節　本章の研究課題

　前章では、L2におけるリーディングとスペリングが、それぞれ文字と音の連関規則の知識とどのように関わっているかについて検証した。そして文字と音の連関規則の知識は、リーディング（読解力）とのかかわりよりも、スペリングとのかかわりが強いことが明らかにされた。読解としてのリーディングは、文字と音の連関知識の適用といった低次レベルの処理のみならず、文と文のつながりを理解するなどの、高次レベルの言語処理を必要とする複雑なプロセスなので、予測可能な結果であったともいえる。一方で、リーディングとスペリングが互いに関わりあいながら発達しているのも、おそらく事実であろう。これら2つの技能は、文字と音の連関規則の知識を基軸として、どこでどのように関わりあっているのだろうか。本章と次章においては、リーディング能力とスペリング能力の間に、極端な不均衡がみられる学習者（Good Reader Poor Speller ＝ R+S-）に特に焦点をあてて研究を行うこととする。このタイプの学習者の特徴を明らかにすることにより、L2におけるリーディングとスペリングの関わりあいの一端を、より詳しく知ることができると思われる。

　L1習得において、リーディングとスペリングの間には、中程度の相関があると報告されている。たとえば、Horn (1969) によると、$r = 0.48, 0.51, 0.61, 0.63$ などの数値が示されている。このことから、スペリング能力は、リーディング能力に伴って発達していっていると推測される。しかし、1980年代から、英語をL1として話す母語話者のリーディング（R）

とスペリング (S) の研究において、リーディング能力は優れているのに、スペリング能力は劣っているという、両者の能力に不均衡がみられる子供や大人の存在が確認されるようになってきた。(Nelson and Warrington, 1974; Frith, 1980; Jorm, 1981; Waters et al., 1985; Bruck and Waters, 1988; Joshi and Aaron, 1991) いわゆる R+S- と呼ばれる、このタイプに関する興味深い研究として、音読速度の問題が挙げられる。先見的な研究として、Frith (1980) は、R+S- タイプの子供は音読速度が遅く、Good Reader Good Speller (R+S+) に比べると、同じテキストを音読するのに1.35倍かかったと報告している。

同じように、Joshi and Aaron (1991) は、英語を L1 として話す大学生を対象として、R+S- タイプについて調べた結果、このタイプの大学生は、読解力（黙読）は通常の大学生レベルであったにもかかわらず、音読速度においては、大学生の平均速度を大きく下回っていたことを報告している。このことより、Joshi and Aaron (1991) は、R+S- タイプは、本当の意味での良い読み手とは認められないのではないかと主張した。というのも、良い読み手が持つ特性としては、正しく読めることに加えて、流暢に読めることが挙げられるからである。

L1 習得の分野において、この種の能力の不均衡は、実際の書き言葉の指導における、多くの現実的な問題を暗示している。たとえば、こういったタイプに、どのような補習教育を行えばよいのか、といったことである。その一方で、L2 習得の分野において、この種の問題に触れた研究はほとんど例をみない。そこで、本章においては、3つの基本的な研究課題を設定することとする。

研究課題1．L2学習者の中にも、リーディング能力とスペリング能力の間に力の不均衡がある学習者（R+S- タイプ）が存在するのか。また、スペリングのほうが下位技能であるため、L2学習においては、Poor Reader Good Speller (R-S+) の存在も考えられる。その点についてはどうか。

研究課題2．リーディング能力とスペリング能力の間に力の不均衡がある

第4章 L2における Good Reader Poor Speller の音読速度とスペリングの特徴について

学習者（R+S-タイプ）が特定されたとして、彼らの音読速度はR+S+タイプと比べると、遅いのか。

研究課題3．R+S-タイプのスペリングの特徴とは何か。

以上3つの研究課題を研究するため、本章では2つの実験とそれに付随する調査を行った。

第2節　実験1の研究内容

2.1. 方法

（1）被験者　44人の日本人大学生（国立大学の1年生、非英語専攻）

（2）材料

英語の読解力テストは、*Doherty and Ilyin's English Language Skills Assessment: Advanced Narrative for Levels 500-800* から抜粋されたもので、25項目からなる多肢選択タイプのクローズ・テストである。スペリング・テストの語は Venezky (1970) などを参照し、27単語を選んだ。(*accessory, assistant, behavior, break, business, calendar, center, couple, friend, fruit, Hawaii, journey, judge, neighbor, observe, Pocari Sweat, radio, regular, respect, rhythm, shoot, shoulder, soldier, steak, stock, stomach, yacht*)

（3）手順

読解力テストもスペリング・テストも、通常授業の中で一斉に実施した。英語の読解力テストに関しては、英文を読み、途中で（定期的に）でてくる選択肢の中から、最もふさわしい項目を選ぶように指示した。スペリング・テストは、それぞれ調査者が2度ずつ音読し、それを被験者が書き取る方法を取った。信頼性（KR20）は、読解力テストにおいては、0.53、スペリング・テストにおいては、0.72であった。

（4）4つのサブ・グループ(R+S+, R+S-, R-S+, R-S-)の特定方法について

読解力テストとスペリング・テストに関して、被験者に能力の不均衡があるかどうかを調べるにあたって、R+, R-, S+, S- をどのように設定するかが重要になる。本研究の目的としては、プラスとマイナスの2つの値の設定をすればよい。そこで読解力テストとスペリング・テストの点数を、それぞれZスコアに変換し、1 S.D. 以上を得点したものを＋（プラス）、−1 S.D. の得点だったものを−（マイナス）と定義することが最も妥当だと思われた。

（5）音読テスト

　音読のための英文は、*Bormuth's 330 Reading Passages*（Carver, 1984）から抜粋した。文章のI.D. ナンバーは、017、114、223、315、424、511である。文章の長さは、101語から112語であり、英語母語話者にとってのリーディング・レベルは、1から6であった。I.D. ナンバーの2つ目の数字は、リーディング・レベルを示している。すなわち、1はレベル1〜3、2はレベル4〜6という意味である。たとえば、315の1は、レベル1〜3を意味する。音読テストは個々に実施した。被験者にはこれらの文章を、できるだけ速く、しかも正確に音読するように指示し、（事前に被験者の了解を得て）音読を録音した。

2.2. 結果と考察

　読解力テストの平均は、17.1点（S.D. = 2.9）であり、スペリング・テストの平均は、16.1点（S.D. = 3.9）であった。読解力とスペリング・テストの相関は、$r = 0.37$（$p < 0.05$）であった。先に述べた方法に従って、4つのグループを特定したところ、R+S+ グループ3人、R+S- グループ1人、R-S+ グループ1人、R-S- グループ2人となった。R+S- (K.M.) の読解力テストとスペリング・テストの得点は、それぞれ22点（88%）と10点（37%）であり、R-S+ (Y.K.) は、12点（48%）と20点（75%）であった。R+S+ グループから1人（M.A.）とR-S- グループから1人（T.S.）ランダムに選び出した。音読の際の誤り（mispronunciation）は、ほとんど無かったので、考慮に入れる必要はないと思われた。これら4つのサブ・グ

第4章 L2における Good Reader Poor Speller の音読速度とスペリングの特徴について

ループの読解力テスト、スペリング・テスト、音読速度の平均と S.D. は表6に示すとおりである。音読速度に関して、被験者間に有意な差がみられた [$F(3,20) = 67.76, p < 0.001$]。Newman-Keuls テストによる多重比較から、4つのサブ・グループ間のすべてに有意差があることが明らかになり、その順序は R+S+＞ R-S+＞ R+S-＞ R-S-であった。

表6 4つのサブ・グループ(R+S+, R+S-, R-S+, R-S-)の音読速度、読解力テスト、スペリング・テストの結果

		M.A. (R+S+)	K.M. (R+S-)	Y.K. (R-S+)	T.S. (R-S-)
音読速度 (wpm)*	平均	144.9	84.5	112.1	76.8
	S.D.	7.9	9.3	8.0	10.0
読解力テスト		24	22	12	10
		(96%)	(88%)	(48%)	(40%)
スペリング・テスト		25	10	20	12
		(93%)	(37%)	(75%)	(44%)

*words per minute

この結果から明らかなことは、リーディング能力とは関係なく、S+ の被験者が文字を音に変換することにおいて優れていることである。

ここにおいて、R+S- (K.M.) が本当にリーディングに優れているといえるのかどうか、ということが問題になる。K.M. の読解力テストの得点からすると、確かに K.M. が優れていることを示しているが、音読速度からみると、そうともいえない。つまり、音読と黙読は全く同じではないにせよ、テキストの内容をよく理解するためには、音読もある程度の速度で読める必要があるのではないか。音読速度が遅いということは、単語が句や節としての単位ではなく、切り離されたものとして認識されている可能性があるからである。それでは、なぜ K.M. は音読速度が遅いのにもかかわらず、良い読み手たりえているのか？

ひとつの可能性としては、R+S- グループの被験者は、1回目の音読は

遅いけれど、それ以後（2回目）からかなり速く読めるようになる、ということである。むろん、R+S-グループでなくても、一般的にいって誰でも2回目以降は速く読めるであろう。しかし、ここで言っているのは、R+S-グループは1回目、2回目、3回目と試行を重ねるうちに速度が増していく割合（gain）が、他のグループよりも勝っているのではないかということである。この可能性を確かめるために、研究2を計画し、実施した。その際、研究1とは別の被験者を用いることとし、また読解力テストも、より信頼性の高いテストを準備した。

第3節　実験2の研究内容

3.1. 方法
（1）被験者　36人の日本人大学生（公立大学の2年生、英米文学科学生）
（2）材料

被験者のリーディング能力を測るために、Shimizu (1989) を参考にして、2つのクローズ・テストを組み合わせ、50項目からなるクローズ・テストを作成した。純粋にリーディング能力を測るためのテストとして精度を上げるために、空所に入る語は、難しいスペリングのものは除外した。スペリング・テストの語は Venezky (1970) を参考にし、規則的なつづりの語と不規則なつづりの語の両方を選んだ。以下の45単語である。*adjust, assistant, autumn, behavior, bicycle, blood, business, ceremony, character, climb, comb, definition, design, disease, doubt, essential, fashion, journey, kitchen, knee, machine, medicine, nervous, observe, occasion, occurrence, opportunity, physical, pressure, previous, profession, purpose, religion, restaurant, scene, shoulder, soldier, stock, stomach, strawberry, suitable, sweat, umbrella, whistle, yacht.*

（3）手順

読解力テストもスペリング・テストも通常授業の中で一斉に実施し

第4章 L2における Good Reader Poor Speller の音読速度とスペリングの特徴について

た。英語の読解力テストに関しては、英文を読み、カッコの中に適切だと思われる英単語一語を入れるように指示した。スペリング・テストは、それぞれ調査者が2度ずつ音読し、それを被験者が書き取る方法を取った。信頼性（KR20）は、読解力テストにおいては、0.64、スペリング・テストにおいては、0.77であった。

（4）音読テスト

被験者に同じ英文を12回音読するように指示した。音読のための英文は、*Bormuth's 330 Reading Passages*（Carver, 1984）から抜粋した。文章のI.D. ナンバーは、222（Brindze, R. *All About Courts and the Law*, New York: Random House, 1964, p. 3）であり、長さは111語であった。音読テストは個々に実施した。被験者にはこれらの文章を、できるだけ速く、しかも正確に音読するように指示し、（事前に被験者の了解を得て）音読を録音した。

3.2. 結果と考察

（1）4つのサブ・グループの特定について

読解力テストの平均は、30.8点（S.D. = 4.5）であり、スペリング・テストの平均は30.8点（S.D. = 5.3）であった。読解力とスペリング・テストの相関は、$r = 0.14$（*n.s.*）であった。研究1で用いた方法に従って、4つのグループを特定したところ、R+S+ グループ1人（M.E.）、R+S- グループ1人（M.K.）、R-S+ グループ1人（C.F.）、R-S- グループ2人（M.I. と R.S.）が確認された。しかし、いくぶん被験者が少ないと思われたので、基準を±1 S.D. から±0.5 S.D. に緩和することとし、新たにR+S- グループに2人（Y.N. と A.I.）と R-S+ グループに1人（N.S.）加え、計8名を被験者とした。

（2）複数回の試行における音読速度の変化

8人の被験者の、1回目の試行から12回目の試行の音読速度は、図にプロットされているとおりである（Appendix 1）。これらのデータは典型的な学習曲線を描いているものと思われる。学習曲線の式は、$p(n) = \pi - (\pi$

－p(1)) θ^{n-1} であり、π は漸近線の値、p(1)は初期値、θ は学習率を示している。これらのパラメーターはデータから推定され、理論的学習曲線は図（Appendix 1）のように描かれる。唯一、R.S. だけが、大きく理論的学習曲線から逸脱していると思われる (cf. Estes, 1951; Bower, 1961)。

しかしながら、1回目の試行と2回目の試行だけで、4つのグループを弁別することが可能である（表7参照）。

表7 4つのサブ・グループ (R+S+, R+S-, R-S+, R-S-) の1回目の音読速度、2回目の増加、読解力テスト、スペリング・テストの結果

サブ・グループ		1回目の試行	2回目の増加 (gain)	読解力テスト		スペリング	
R+S+	M.E.	121	27	39	(78%)	43	(93%)
R+S-	M.K.	112	27	37	(74%)	24	(52%)
	(A.I.)	(104)	(19)	(41)	(82%)	(27)	(59%)
	(Y.N.)	(116)	(46)	(34)	(68%)	(24)	(52%)
R-S+	C.F.	131	15	26	(52%)	39	(85%)
	(N.S.)	(130)	(29)	(21)	(42%)	(35)	(76%)
R-S-	R.S.	107	9	25	(50%)	22	(48%)
	M.I.	102	11	23	(46%)	24	(52%)

(A.I.), (Y.N.), (N.S.) は緩和された基準によって選ばれた被験者である。

1回目の試行において、リーディング能力に関係なく、スペリング能力に優れているもの (S+) が、そうでないもの (S-) よりも速い速度で音読することができたように思われる。1回目の試行の、カテゴリーS（＋と－）と音読速度の点2系列相関は、有意な相関を示しており ($r = 0.82$, $t(6) = 3.51$, $p < 0.02$)、そのことを裏付けている。この結果は研究1の結果と同じ傾向であるといえる。一方で、スペリング能力と関係なく、リーディングに優れているもの (R+) は、そうでないもの (R-) よりも、2回目の試行で音読速度が増す割合 (gain) が高い傾向にある。ただし、1回目の試行と2回目の試行の間の gain において、カテゴリーR（＋と－）

と音読速度の間には有意な相関は見られなかった（$r = 0.57$, $t(6) = 1.70$, n.s.）。

これらのサブ・グループをより厳正に判別するために、データ数は限られているものの、判別分析を用いることとした。独立変数 x_1 と x_2 は、それぞれ1回目の試行の音読速度と、2回目の試行で増した速度（gain）を示している。linear discriminant function は以下のとおりである。

$$z = -0.190x_1 + 0.067x_2 \quad \text{for} \quad \text{R+S+ vs. R+S-} (z_0 = -20.08)$$
$$z = 18.284x_1 + 1.357x_2 \quad \text{for} \quad \text{R+S+ vs. R-S+} (z_0 = 2332.46)$$
$$z = 2.080x_1 + 3.300x_2 \quad \text{for} \quad \text{R+S+ vs. R-S-} (z_0 = 295.57)$$
$$z = -0.749x_1 + 0.247x_2 \quad \text{for} \quad \text{R+S- vs. R-S+} (z_0 = -83.80)$$
$$z = -0.063x_1 + 0.072x_2 \quad \text{for} \quad \text{R+S- vs. R-S-} (z_0 = -5.19)$$
$$z = 52.000x_1 + 0.112x_2 \quad \text{for} \quad \text{R-S+ vs. R-S-} (z_0 = 6111.79)$$

これらの数値は、1回目の音読速度と2回目の gain について、4つのサブ・グループが、それぞれの組み合わせにおいて互いに判別されることを示している。

第4節　実験2に付随する調査の内容

実験1と2において、日本人学習者の中にもリーディング能力とスペリング能力の間に不均衡がある R+S- タイプが存在することが明らかになった。このタイプは R+S+ に比べると音読速度が遅く、これは L1 と共通する特徴であった。また、2回目以降の試行では速度があがることが明らかになった。1回目の音読速度が遅いことは、このタイプが音から文字へ変換することに困難を感じていることを意味している。文字から音への変換は、ひとつには「語の内部分析力」と関係する。R+S- の S- の部分は、どのような特徴があるのかを調べることによって、R+S- の「語の内部分析力」の実相をより明らかにすることができるであろう。そのための方法として、先行研究の概要でも述べたように、Frith (1980) が用いたようなミ

ススペリングの検索という方法が考えられる。また一方では、Waters et al. (1985) が実施したような、誤りを犯しやすいつづりの種類を調べることによっても、ある程度明らかになると思われる。英語の文字と音の連関規則がそのまま適用できる場合、つまり規則的なつづりの場合は、ある程度の音的分析力があれば、比較的たやすくその語を覚えられると考えられる。しかし、そのつづりが不規則な場合、あるいは黙字が含まれている場合は、よりいっそう細心の分析が必要となる。というのは、まず音とつづりの連関規則に照らしあわせて音的分析を行い、さらにその語のどの箇所がどう不規則なのかを限定しなければならないからである。黙字が含まれた語についても同様で、ある文字が音声化されないということを認識するためには、厳密な分析に加えて、さらに視覚的な記憶力も必要となる。そこで、研究3では、被験者があらかじめ受けているスペリング・テストを詳しく分析することにより、R+S- 及び R-S+ の語の内部分析力を明らかにすることとした。

4.1. 方法

（1）被験者　研究2と同じ被験者、36人の日本人大学生（公立大学の2年生、英米文学科学生）
（2）材料と採点方法

　プリテストで用いたスペリング・テスト45語のうち、規則的なつづり (ob*serve* など9語)、不規則なつづり (*journey* など9語)、黙字が含まれたつづり (*doubt* など9語) を選び出し、改めてこれら27語についてのみ分析を行うこととした。今回は、プリテストの場合と採点の方法を変えて、完全に書けていれば2点、ターゲットになっている箇所（たとえばblood の oo）ができていれば他を間違っていても、1点を与えるという方式をとった。この採点方法では、規則、不規則、黙字のそれぞれが18点満点、全体では54点満点ということになる。被験者36名全員についての平均は、規則的なつづり14.8点 (54.8%)、不規則なつづり14.6点 (54.1%)、黙字が含まれたつづり13.7点

第4章 L2 における Good Reader Poor Speller の音読速度とスペリングの特徴について

（50.7％）であった。次にR+S- 及びR-S+ について、どのような特徴があるか調べていくわけであるが、今回はもう少し対象を広げることにした。つまり、まず一般的な Poor Spellers がどのような点で Good Spellers と異なっているのか明らかにし、さらにその中でR+S- に固有の特徴があるのかどうかを調べるということである。初めに行った45点満点の基準を用い、新たに3名ずつRS- 及びRS+ が分析の対象に加えられた。

4.2. 結果と考察

グループごとの結果は表8と9に示したとおりである。得点はすべてパーセンテージに換算されたものである。

まず Poor Speller と Good Speller の平均値に着目してみると、不規則なつづりと黙字に歴然とした差が出ている。グループ間の差を吟味するために、中央値によるカイ2乗検定を行ってみたところ、3つのつづりのタイプすべてにおいて、Poor Speller と Good Speller の間に有意差があった。（規則的つづりに関して、$\chi^2 = 4.43$, $p < 0.05$、不規則なつづりに関して $\chi^2 = 10.21$, $p < 0.01$、黙字が含まれるつづりに関して、$\chi^2 = 4.43$, $p < 0.05$）

次に、Poor Speller と Good Speller のスペリングに関して、個別にその特徴を観察してみると、Poor Speller はその平均値が示唆しているように、黙字が含まれる語のつづりの得点が、規則的なつづりに比べて低い傾向にある。8人中5人は黙字が含まれている語について、ほかのタイプのつづりの語よりも低い得点であった。特徴としては、黙字＜規則的つづり、と表せる。一方、Good Speller においては、その平均値が示唆しているように、黙字が含まれる語について高得点をマークしている。黙字が含まれる語の得点が、ほかのタイプのつづりの語よりも低かった被験者はいない。特徴としては、規則的つづり＜黙字、と表せる。黙字を含む語の得点が、他のタイプのつづりと比べると最も低いことに関する Good Speller（8人中5人）と Poor Speller（6人中0人）の差は、有意に近いものであった

表8 Poor Speller の規則的なつづりの語、不規則なつづりの語、黙字が含まれた語の成績 (パーセンテージ化されたもの)

		イニシャル	規則的	不規則	黙字
Poor Speller					
R-S-		M.I.	77.8%	44.4%	61.1%
(2人)		R.S.	77.2%	77.8%	33.3%
R+S-		**M.K.**	77.8%	72.2%	50.0%
(3人)		**Y.N.**	77.8%	61.1%	50.0%
		A.I.	66.7%	72.2%	88.9%
R S-		K.K.	66.7%	66.1%	38.9%
(3人)		Y.K.	66.7%	77.8%	55.6%
		T.S.	83.3%	50.0%	77.8%
		平均	73.6%	65.2%	57.0%

表9 Good Speller の規則的なつづりの語、不規則なつづりの語、黙字が含まれた語の成績 (パーセンテージ化されたもの)

		イニシャル	規則的	不規則	黙字
Good Speller					
R S+		K.K.	83.3%	83.3%	100%
(3人)		Y.S.	83.3%	88.9%	100%
		W.I.	88.9%	88.9%	100%
R-S+		**N.S.**	72.2%	88.9%	88.9%
(2人)		**C.F.**	88.9%	100%	100%
R+S+		M.E.	94.4%	100%	100%
(1人)					
		平均	85.1%	91.7%	98.2%

($\chi^2 = 3.42$, $0.05 < p < 0.1$)。つまり、Poor Speller は、規則的なつづりも含め、すべてのタイプのつづりで Good Speller と比べると劣っているが、特に黙字が含まれる語のつづりにおいて困難を感じているといえるのではないか。次に、R+S- 及び R-S+ に着目してみると、まず R+S- については3名のうち、2名が他の Poor Speller と同じ特徴を示している。

第4章　L2における Good Reader Poor Speller の音読速度とスペリングの特徴について

一方 R-S+ についても、他の Good Speller と同じ特徴が見受けられる。Poor Speller は、R+S- も含めて、語の内部分析力を必要とする黙字が含まれる語のつづりに、特に困難を感じているといえるようである。

　L2学習者の R+S- についてその特徴を探ってきたが、R+S+ に比べると、すべてのタイプのつづり、特に黙字が含まれる語のつづりを苦手にしていることがわかった。L1の場合と同じように、やはり「文字」を「音」に変換することに困難を感じ、さらに黙字のスペリングのような視覚的な情報処理にも精通していないといえるであろう。

第5節　総合的考察

　ここでは、実験1、実験2とそれに付随する調査から明らかになったことを述べ、総合的に考察する。まず研究課題1に関わることであるが、リーディング能力とスペリング能力の間に極端な不均衡がある学生（R+S-）は、L2学習者の中にも存在していることが確認された。またL1研究では報告されていなかった R-S+ タイプの存在も確認された。

　第二に、研究課題2に関わることであるが、本研究における R+S- は、1回目の試行においては、R+S+ よりも音読速度が遅く、L1の研究と同様の結果が得られた。L2の R+S- も、L1の R+S- と同じように Poor Decoder であることが判明した。しかし、彼らは、2回目、3回目の音読機会を与えられれば、速く読むことができることも判った。つまり R+S- タイプは、文字を音に変換する能力において未熟なところがあるけれども、2回目以降の音読においては、1回目の音読において得られるボトムアップ的な情報と、トップダウン的な情報が、文字を音に変換する能力の不足を補っているものと考えられる。

　第三に、研究課題3に関わることであるが、R+S- のスペリングの特徴から、L2の R+S- は、L1の場合と同じように、まず「音」を「文字」に変換することに困難を感じているといえる。そして、そのことが R+S- の

音読速度の遅さにつながっていると思われる。また「語の内部分析力」に加えて、視覚的記憶も必要とされる黙字が含まれたつづりに困難を感じている。リーディングでは「目」からの入力と「音」の入力（心の中の音声化）はほとんど同時に行われるが、スペリングにおいてはまず「音」の入力、そして「目」によるチェックという直線的なプロセスをたどる。こうした両者の性質の違いがR+S-及びR-S+を生み出すひとつの原因になっていると思われる。

このことに関連して、R+S-タイプやR-S+タイプのような、リーディング能力とスペリング能力に不均衡のある学習者は具体的にどのようにして生じるのか、という問題がある。これは明らかに、文字を音に変換するなどの下位技能（lower-order skills）と、統語的、意味的プロセスなどの上位技能（higher-order skills）のバランスがとれていないことによると思われる。R+S-は、下位技能として分類される「文字と音を結びつけること」に精通していない。しかし、リーディングにおいても心の中の音声化はある程度必要とされることから、今度はR+S-のリーディング・プロセスが問題となってくる。第2章で述べたように、L1研究において、R+S-（第2章での表記はC+S-）はR-S-（第2章での表記はC-S-）に比べると形態素的な語のつづりにおいて有意に勝っていたと報告されている。これは、リーディング能力が何らかの形で形態素的な語の処理能力と関わっていることを示唆している。

そこで次章において、R+S-のリーディングに関わる問題を解明するひとつの方法として、形態素的な単語（morphologic words）の習得に着目することとする。retirementなどの形態素的な語の意味と形態を、どの程度習得しているかを知ることによって、R+S-のリーディングとスペリングのプロセスをある程度知ることができると思われる。

第5章　L2における Good Reader Poor Speller の形態素の習得について

第1節　本章の研究課題

　前章において、日本人の英語学習者の中にも R+S- が存在することが明らかになった。また、その特徴として、日本人大学生の R+S- は、R+S+ と比べると音読速度が遅いこと、そして、そのスペリングの特徴は、S- 全般に共通する特徴を有していることから、Poor Decoder であることが判明した。本章においては次の段階として、この R+S- がいかにして R+ になりえているのかについて、R+ の部分に着目して研究を進めることとする。第2章でも述べたように、decoding はリーディングとスペリングの両方に通じる技能であり、良い読み手になるためには通常は Good Decoder → Good Comprehender の道筋を通るものと思われる。ところが、R+S- はその道筋をたどっていない。L1 研究においては、R+S- は読解を行う際、コンテクストを用いるなどのトップダウン・アプローチを駆使しているのではないかと示唆されているが、L2 においてははっきりしたことは判っていない。そこで、L2 の R+S- におけるリーディングの側面に焦点をあてることによって、L2 リーディングと L2 スペリングの発達の様態や相互作用を、より詳細に探ることができると思われる。

　L1 における R+S- のリーディング・プロセスの研究としては、Bruck and Waters (1990) が挙げられる。Bruck and Waters (1990) は、R+S- の特徴、特に R+S- がいかにして良い読み手（Good Comprehender）になったのかを追究するため、2種類のテキスト（物語文と説明文）の思い起こしテスト (recall)、リスニング・テスト、語彙テスト、非言語的推論テスト

（知能テストの一種）、語認識テスト、および先述した5種類のタイプのスペリング・テストを課した。その結果、リーディングに関わる要因において、語認識テストにおいてのみ R+S+ よりも劣っており、有意な差があったことが明らかになった。特に R+S- はコンテクストの中の語認識が遅く、劣る傾向にあった。これらのことより Bruck and Waters (1990) は、R+S- は語認識力の不足を、その他のトップダウン・アプローチに関わる上位技能を使って補うことによって、良い読み手になりえたのではないかと推論している。また第2章でも言及したように、スペリング・テストにおいては、R+S- は R+S+ と比べて劣っていたのはもちろんであるが、R-S- と比べると、準規則的なつづりの語と形態素的な語のつづりにおいては勝っており、R+S+ と R-S- の中間であった。Bruck and Waters (1990) は、R+S- が特に形態素的な語においてエラーが少ないことは、単なる文字列の視覚的記憶に優れているという問題ではなく、linguistic knowledge の使用と関わっており、形態素的な語の処理能力はリーディング能力やリーディング経験と相互作用的な関係にあるのではないかと論じている。

　Bruck and Waters (1990) の L1 研究からさらに推論されることは、R+S- が R-S- にならずに R+ になりえたのは、単語レベルの意味的な処理と形態素の処理に優れていたからではないか、ということである。Bruck and Waters (1990) のスペリング・テストの中には形態素的な語に似せて作った擬似語を、文脈に合わせて変換させ語幹を書くテスト（たとえば、To make sure that it is *infrattacal,* you should check your (*infrattar*) book. カッコの部分は grammar から作られた擬似語の語幹で、この部分を書かせる問題）が含まれている。これは、語のスペリング能力というよりも形態素そのものの知識と処理能力を問うものであると解釈される。そこで、本章においては、Poor Decoder である R+S- の R+ の部分について明らかにするため、形態素的な語の意味と形態の処理に着目することとした。先述したように、この点について R+S- の特徴を探ることによって、L2 リーディングとスペリングの発達や相互作用の実相について、より詳しく探ることが可能になると思われるからである。

第5章　L2 における Good Reader Poor Speller の形態素の習得について

　リーディング能力に優れている学習者は、たとえば painful という語について、「痛みを伴う」という意味であることと、pain + ful という成り立ちであることの両方を知っているはずである。さらに、ful は名詞につくことが多く、形容詞化することも理解していると思われる。前者は単語の意味を覚える語彙学習の領域と関係があるが、後者は単語の内部を分析し、ある程度の規則性を見出すという点で、スペリング能力とも関係していると推察できる (cf. Fischer et al., 1985 ; Templeton and Scarborough-Franks, 1985)。L1 研究においては、形態素の処理能力とスペリング能力、およびリーディング能力との関係について、すでに研究が為されている。

　Carlisle (1988) は、英語母語話者の子供を対象とした研究において、派生的形態素のついた語（remarkable, assistance など）とスペリング能力との関係を調査し、語幹はつづれるが (remark, assist)、派生的形態素がつくとつづれなくなる割合は、年齢が上がり、語や形態素についての分析力が向上するにつれて減少すると述べ、形態素についての言語学的知識とスペリング能力の関連性を示している。また Fischer et al. (1985) は英語母語話者の大学生を対象に、Good Speller と Poor Speller のスペリング能力を調査し、Good Speller と Poor Speller を分けるのは、語構造に対する感受性 (sensitivity) であると述べ、特に picnickers, *dis*similar など形態音素的知識 (morphophonemic knowledge) が必要とされる語において、大きな差が生じていたと報告している。

　一方で、Carlisle (2000) は、英語母語話者の子供の派生的形態素能力とリーディング能力の発達を調査した。よりよくリーディングを行うためには、派生的形態素がついた語の意味や文法的役割を知っている必要があり、そのためには形態素と語幹との関係性についての認識が重要になるからである。Carlisle (2000) は、リーディング能力の発達と派生的形態素の処理能力の関連を調査し、派生的形態素がついた語の透明性 (transparency) に着目した。派生的形態素のついた語は、Transparent タイプと Shift タイプに分類できる。前者は Neutral タイプとも呼ばれ、mov*ement*, power*ful* などのように、形態素がつくことによって、語幹の形が音的にも正字法的

にもまったく変化しないタイプを指す。一方でShiftタイプは、Non-Neutralとも呼ばれ、natur*al*（nature），generos*ity*（generous）などのように、形態素がつくことによって、語幹の形が音的、正字法的に（あるいは両方）変化するタイプを指す。L1研究においては、後者のほうが習得しにくいことが明らかにされている（cf. Tyler and Nagy, 1989）。Carlisle (2000) は、リーディング能力と形態素の処理能力を、英語母語話者の小学校3年生と5年生について調査し、次のような結果を得た。まず、TransparentとShiftの両方のタイプを含む形態素的な単語を処理する能力（音読テストと口頭による産出テスト）は、リーディング能力（読解力）と関連しており、特に第5学年では関連が強かった。また3学年と5学年とでは、両学年とも特に産出テストにおいて、ShiftタイプのほうがTransparentタイプよりも誤りが多かったものの、5学年のほうが全体的に誤りは少なかった。特に5学年において、Shiftタイプの誤りは減少していた。このことより、Carlisle (2000) は、形態素処理能力とリーディング能力の間には有意な関係があると結論づけている。また、TransparentとShiftに関して、第3学年と5学年ではパターンに差があった。それぞれの音読テストの結果は、第3学年ではTrans 92.8%、Shift 77.2%であるのに対して、第5学年ではTrans 97.1%、Shift 94.2%であった。このことは、学年が上がり、読解力そのものが上がるとき、複雑な音変化や正字法の変化を伴う形態素の処理能力も向上していることを示している。

　ここで、形態素の処理能力をR+S-にあてはめて考えてみる。Bruck and Waters (1990) は、形態素的な単語の語幹（grammaticalとgrammarでは、grammarの方）をスペリング・テストで用い、読解力との関連性を示唆していた。一方、Carlisle (2000) は、形態素的な単語の認識テスト（音読）と産出テスト（たとえば、teach. He was a very good ＿＿＿＿. の下線部分（teacher）を口頭で答えさせる）を行い、読解力との関連性を示唆した。これらL1における研究をベースにして、本研究においてR+S-の特徴を探るにあたり、次の2点を明らかにすることとした。

第5章　L2 における Good Reader Poor Speller の形態素の習得について

研究課題１．R+S- は形態素的な語の知識をどの程度もっているのか、つまり意味と形態の知識（たとえば、movement の語幹の意味は「動く」であり、形態は「move + ment」）について。
研究課題２．形態素的な語のうち、Transparent タイプと Shift タイプとでは知識が異なるのか。また、その中間タイプの知識についてはどうか。

　研究課題１は R+S- の R+ の部分と深く関わっていると考えられる一方、研究課題２は S- の部分とも関連していると思われる。また研究課題２について、R+S- の語の内部分析力の有無をより詳細に知るためには、Transparent タイプと Shift タイプのほかに、中間タイプ（今後 Middle タイプと呼ぶ）についても調べてみると興味深い。Transparent タイプは、darkness のように、ness という形態素が付加されても dark の発音やつづりは変わらない。Shift タイプは definition のように、tion という形態素が付加されることによって、define という語幹の発音は大きく変わり、また語尾のつづりも変わる。その中間、Middle タイプとは、memorize のように、ize という形態素が付加されることによって、語幹（memory）の語尾のつづりは変わるが、発音（語アクセントの位置）は変わらないものを指す。

　本研究においては、以上の２点を、書くことによる産出テストによって明らかにしていく。産出テストにしたのは、一般に認識テストよりも産出テストのほうが難易度が高いので、問題点がよりいっそう明らかになると考えたからである。さらに、Bruck and Waters (1990) に倣って、R+S- の実相を明らかにするために、R+S+, R+S-, R-S- の３つのグループの間で比べることとした。上記２点の研究課題について、次のような予測が成り立つ。
予測１．R+S- の R+ のところに着目すると、形態素的な語の「意味」の理解は R+S+ と同程度であろう。「形態」に対する認識は、S- の特徴である分析力の不足という点を考慮すると、R+S+ よりもいくぶん劣っていると思われる。しかし、リーディングと「形態素」の関連を示唆した先行研究を考慮に入れると、R-S- よりは R+S+ に近いとも予測できる。
予測２．R+S- は、文字と音の連関規則にあまり精通していない。語の内

部分析力に欠け、黙字が含まれた語がつづれないという特徴がある。Shift タイプの語は Transparent タイプや Middle タイプに比べて、音的、正字法的変化があるので、分析力を必要とする。そこで特に R+S- は、Shift タイプの得点が低いのではないかと予測できる。（それは R-S- と同じ傾向を示すはずである。）

第2節　研究方法

2.1. 被験者　75人の日本人大学生（国立大学の2年生と3年生、英語専攻及び非英語専攻の学生）

2.2. 材料

・読解力テストとスペリングテストについて

　読解力テストには、文部科学省認定、英語検定（英検）のうち、準2級から1題、2級から1題、準1級から1題出題した。長文を読んで、ひとつの問いに対して、内容に合ったものを4つの選択肢から選ぶタイプで、ひとつの題材について5問あった。今回はさらにそれぞれの題材に3問の TF テストを付加し、計24問とした。各問、1点とし24点満点で採点した。スペリング・テストは、第3章の実験で用いたものと同じもので、規則的なつづりの語10語、不規則なつづりの語10語、黙字が含まれた語5語の計25語とした。採点に関して、今回は、文字と音の連関規則の知識を測るわけではないので、完全正答とし、各語1点の25点満点とした。

・形態素的な語について

　Carlisle (1988), Tyler and Nagy (1989), Carlisle (2000) 及び、Tanaka and Lauer (2003) の語彙レベルテストを参考とした。Tanaka and Lauer (2003) の語彙テストを参考としたのは、語幹としての語彙は、大学生にとってある程度なじみのあるものでなければならないと考えたからである。また、今回の実験に際して、R+S- の分析力の有無をより詳細に知るために、

Transparent タイプと Shift タイプのほかに、Middle タイプも用意することとした。それぞれのタイプを 8 語ずつ選び、計24語とした。単語の選択をする際、形態素が付加された単語そのものの頻度が低すぎない単語を選ぶように留意した。頻度については、主に Leech et al. (2001) を参考にした。（また日本人大学生がよく使用する英和辞書 *GENIOUS* と *LIGHTHOUSE* を参照し、urgency 以外の単語はすべて、日本の大学入試のために必要な必須語であるとされていることを確認した。）さらに、形態素自体も頻度が高く、大学生になじみのあるものを選ぶように留意した。（たとえば、「～する人」という意味では -ist という形態素もあるが、-er のほうが形態素自体の頻度が高い。cf. 郡司、1993.）次ページの表10に、実際にテストに用いた単語を示す。（カッコの中の数字は、100万語における出現頻度を示す。）

テストに際しては、次のような例を示した後、〔　〕の中には日本語の意味を、（　　）の中には形態素が付加された形を書かせた。

　例) resemble〔似ている〕→名詞に

　　　His（resemblance）to his father made me feel nostalgic.

意味と形態、それぞれ 1 問につき 1 点で、24点満点である。ただし形態素が付加された形の採点に際して、ここではスペリング能力そのものを測ろうとしているわけではないので、phonetic error（音読すれば、正答とほぼ同じ発音になるようなつづりのエラー、*admition, *difinition など）や形態素の部分があっているもの（*democracic, *explodion）については0.5点与えることとした。

2.3. 手順

すべてのテストを被験者の通常授業の中で、一斉に実施した。スペリング・テストは、それぞれ調査者が 2 度ずつ音読し、それを被験者が書き取るという方式を取った。その際、日本語の意味も伝えた。

表10 Transparentタイプ、Middleタイプ、Shiftタイプの語とその頻度

Transparentタイプ	Middleタイプ	Shiftタイプ
painful（19）	memorize（0）	luxurious（0）
retirement（35）	urgency（0）	democratic（59）
improvement（66）	innocence（0）	definition（62）
consciousness（26）	restriction（40）	ignorance（11）
darkness（34）	efficiency（38）	similarity（45）
employer（73）	admission（29）	generosity（0）
harmless（0）	explosion（22）	politician（44）
publisher（30）	attraction（24）	historian（30）

第3節 結果と考察

3.1. 結果

　読解力テストの平均は、24点満点の14.9点（S.D. = 5.7）であり、スペリング・テストの平均は25点満点の15.1点（S.D. = 3.9）、形態素が付加される前の語幹の意味テスト（「形態素（意味）」と呼ぶ）の平均は、24点満点の15.1点（S.D. = 4.5）、形態素を付加するテスト（「形態素（形態）」と呼ぶ）の平均は24点満点の12.8点（S.D. = 4.5）であった。まず、形態素が付加された語についての知識とリーディング能力、スペリング能力の関係を全体的に把握するために、相関表を表11に示す。

表11 読解力テスト、スペリング・テスト、形態素（意味）、形態素（形態）の相関

	1.	2.	3.	4.
1．読解力テスト				
2．スペリング・テスト	0.49**			
3．形態素（意味）	0.68**	0.52**		
4．形態素（形態）	0.71**	0.60**	0.74**	

**p < 0.01

第5章 L2における Good Reader Poor Speller の形態素の習得について

すべての要素の間に有意な相関があり、特に形態素とリーディングの関係が深いことを示している。

3つのサブ・グループの特定については、前章で用いた±1 S.D. の基準を用いて、R+, R-, S+, S- を特定しようとすると、R+S- の数が1名となり、非常に限られたものとなった。そこで始めから±0.5 S.D. に基準を緩和し、R+S+, R+S-, R-S- の3タイプを特定したところ、それぞれ17人、2人、14人となった。R+S- タイプが依然として少なく特徴を探りにくいので、このタイプのみ、さらに基準を緩和して、読解力テスト16点以上、スペリング・テスト14点以下まで広げ、9人とした。それぞれのグループの読解力テスト、スペリング・テスト、形態素テスト（意味）、形態素テスト（形態）の平均得点とS.D. は表12に示すとおりである。

表12　3つのサブ・グループの読解力テスト、スペリング・テスト、形態素（意味）、形態素（形態）の平均　　　　　　（　）は満点の点数

	人数	読解力 (24)	スペリング (25)	形態素(意味) (24)	形態素(形態) (24)
R+S+	17人				
平均		21.76	19.18	19.68	17.47
S.D.		1.64	1.78	1.9	2.61
R+S-	9人				
平均		19.67	13.00	15.50	12.67
S.D.		3.23	1.41	3.64	3.57
R-S-	14人				
平均		9.00	9.86	11.04	8.82
S.D.		2.15	2.28	3.62	1.79

特にR+S- の人数が9人と少ないため、平均値による比較は妥当ではないと考え、中央値によるノンパラメトリック法で比較することとした。まず、形態素が付加される前の単語の意味については、R+S+ とR+S- の間には有意差がなかったが（$\chi^2 = 1.19$, $n.s.$)、R+S- とR-S- の間には、有意に近い差が見られた（$\chi^2 = 3.53$, $0.05 < p < 0.1$）。形態素を付加するテスト

については、R+S+ と R+S- の間に有意に近い差があり（$\chi^2 = 2.72$, $0.05 < p < 0.1$）、また R+S- と R-S- の間にも有意に近い差が認められた（$\chi^2 = 3.00$, $0.05 < p < 0.1$）。

次に形態素（形態）テストにおける Transparent タイプ、Middle タイプ、Shift タイプの得点を表13に示す。

表13　3つのサブ・グループの Transparent, Middle, Shift 各タイプの平均

（各8点満点）

		Transparent	Middle	Shift
R+S+	17人			
平均		6.68	6.29	4.50
S.D.		0.83	1.20	1.48
R+S-	9人			
平均		4.61	4.50	3.56
S.D.		1.83	1.84	2.01
R-S-	14人			
平均		3.57	3.86	1.39
S.D.		1.07	1.22	0.79

特に R+S- の人数が9人と少ないため、今回も平均値による比較は妥当ではないと考え、中央値によるノンパラメトリック法で比較することとした。まず、Transparent タイプについては、R+S+ と R+S- の間には有意差がなく（$\chi^2 = 1.19$, n.s.）、R+S- と R-S- との間にも有意差はなかった（$\chi^2 = 0.50$, n.s.）。R+S+ と R-S- の間には有意差があった（$\chi^2 = 8.03$, $p < 0.01$）。次に Middle タイプについても、R+S+ と R+S- の間に有意差はなく（$\chi^2 = 1.19$, n.s.）、また R+S- と R-S- の間にも有意差はなかった（$\chi^2 = 1.26$, n.s.）。R+S+ と R-S- の間には有意差があった（$\chi^2 = 8.03$, $p < 0.01$）。最後に Shift タイプについては、R+S+ と R+S- の間に有意差はなかったが（$\chi^2 = 0.68$, n.s.）、R+S- と R-S- との間には有意差がみられた（$\chi^2 = 4.38$, $p < 0.05$）。R+S+ と R-S- の間にも有意差があった（$\chi^2 = 15.43$, $p < 0.01$）。つまり、

第5章 L2 における Good Reader Poor Speller の形態素の習得について

Transparent タイプと Middle タイプについては、R+S+ と R-S- という極端に異なる2グループの間にのみ有意差があり、それ以外には有意差はみられなかったのに対して、Shift タイプにおいてのみ、R+S- と R-S- との間にも有意差がみられたということになる。この結果だけからすると、R+S+ と R+S- とでは、R+S- のほうがいくぶん点数が低いというだけで、大きな違いはみられないことになる。また、平均値だけからすると、R+S+ と R+S- グループは両方とも、予想どおり Transparent ＞ Middle ＞ Shift という順になっており、この点においても大きな相違点は無いようにみえる。

そこで、次に各グループ内で、Transparent, Middle, Shift の間に差があるかどうか検定を行った。R+S+ においては、Transparent と Shift の間にのみ有意差がみられ（$\chi^2 = 4.84, p < 0.05$）、Middle と Transparent、Middle と Shift の間には有意差はなかった。R+S- においては、Transparent, Middle, Shift の間のどこにも有意差は見出されなかった。R-S- においては、Middle と Shift の間に有意差があり（$\chi^2 = 14.36, p < 0.01$）、また Transparent と Shift の間にも有意差がみられた（$\chi^2 = 11.81, p < 0.01$）。Transparent と Middle の間には有意差はなかった。まとめて言えば、R+S+ と R-S- のそれぞれにおいては、特に Transparent と Shift に差がみられたが、R+S- においては、その差がなかったということになる。このことを裏付けるために、個別に観察してみると、R+S+ の中で Transparent ＞ Middle ＞ Shift という得点分布になっているのは17人中11人（64.7%）であったが、R+S- においては9人中3人（33.3%）であった。R+S- においては、通常予測される得点分布に沿っていないタイプが3分の2はいることになる。つまり、Transparent ＜ Shift, あるいは Middle ＜ Shift というタイプが多いことに気づく。R+S+ の中にこれらのパターンは一人もいない（0%）が、R+S- においては9人中4人（44.4%）がどちらかのパターンであった。この差は有意なものであった（$\chi^2 = 5.84, p < 0.02$）。これらのことより、R+S+ と R+S- の比較においては、グループ間で差はみられないものの、そのパターンには違いがあることが明らかになった。R+S- は R-S- と比べた場合に、同じ S- であるにもかかわらず、Shift にお

いて勝っていた。また、R+S- においては、Transparent と Shift の間に差が見られなかったことも考慮に入れると、このグループが必ずしも Shift タイプに困難を感じているわけではないことがわかる。

そこで、次に各グループごとにどの単語の正答率が高いか調べてみることとした。表14に各グループごとに、正答率の高い順に上位8位（全体の3分の1）までを示す。

表14　3つのサブ・グループにおいて正答率が高かった語（上位8位）

R+S+		R+S-		R-S-	
darkness	100%	darkness	100%	darkness	92.9%
memorize	100%	memorize	88.9%	innocence	92.9%
consciousness	100%	innocence	83.3%	attraction	85.7%
innocence	97.1%	attraction	77.8%	restriction	78.6%
restriction	94.1%	**politician**	77.8%	**employer**	75.0%
painful	94.1%	**luxurious**	72.2%	memorize	64.3%
attraction	88.2%	improvement	66.7%	improvement	57.1%
improvement	88.2%	restriction	66.7%	**ignorance**	57.1%

正答率のパーセンテージには違いがあるが、各グループともに共通して darkness, memorize, innocence, restriction, attraction, improvement の6単語の正答率が高いことがわかる。これらは Middle タイプの単語と、Transparent タイプの単語である。R+S- を中心にグループごとの特徴を探っていくと、R+S+ には consciousness, painful という Transparent タイプが上位に入っているのに対して、R+S- においてはそれらは中位に位置している（正答率はそれぞれ55.6%）。かわりに R+S- においては、politician, luxurious といった Shift タイプの単語が上位に入っている。R+S+ においては politician の正答率82.3%で中位、luxurious の正答率は17.6%で下位に属している。R-S- と比べてみると、R-S- において上位に入っている employer, ignorance は R+S- においては、それぞれ38.9%で中位に属している。employer は Transparent タイプである。表13に示した数値では、数的には差がなかった R+S+ と R+S- の単語をもっと詳しく比べてみると、

第5章　L2における Good Reader Poor Speller の形態素の習得について

両グループの間で有意差のあった単語は ignorance, retirement, painful, consciousness, explosion, urgency の6つであり、そのうち3つ（retirement, painful, consciousness）が Transparent タイプであった。逆に R+S- のほうが正答率が有意に高かった単語は luxurious で、これは Shift タイプである。これらのことから、R+S- は特に R+S+ と比べると、むしろ Transparent タイプに弱点があるのではないかと推測されるのである。

3.2. 考察

　まず、研究課題1について述べる。R+S- の R+ のところに着目すると、形態素的な語の「意味」の理解は R+S+ と同程度であるはずだが、「形態」に対する認識は R+S+ よりも劣っている、という予測はおおむね支持された。表12の結果の分析からある程度明らかになったように、形態素「意味」については R+S+ と R+S- の間には有意差がなかったが、形態素「形態」の間には有意に近い差があった。このことから、R+S- は単語の意味についての知識はもっているが、付加される形態素の知識は劣る傾向にあるといえる。しかし、予測1の後半部分で述べたように、R+S- の形態素の知識は R-S- と比べると勝っていた。これは、形態素の習得はリーディングとも関連していることを示唆している。次に研究課題2において、語をタイプ別に分けて調査したわけだが、予測としては（予測2）形態素が付加されたとき、最も変化の多い Shift タイプが最も分析力を要すると思われるので、R+S- は、Shift タイプの得点が低いのではないかと予測された。平均値だけみると、確かに R+S+ と R+S- は Transparent ＞ Middle ＞ Shift となっているが、R+S- においてのみ、Transparent タイプと Shift タイプの間に差がみられなかった。さらに詳しく分析すると R+S- においては Middle ＜ Shift あるいは Transparent ＜ Shift というタイプが44.4％存在した。単語ごとの正答率からも明らかであるように、R+S- はむしろ retirement, painful, consciousness などの Transparent タイプについて精通していないのではないかと思われるのである。つまり、予測2は必ずしも支持されないことになる。

R+S-は、TransparentタイプとShiftタイプの間に差がみられなかったことから、ひとつの可能性としては、形態素が付加された語を「語幹＋形態素」としてではなく、ひとつの語としてまとまりで覚えているのではないかということが考えられる。しかし、この可能性は、R+S+とR+S-のエラー・タイプを観察してみると、必ずしも真実ではないことがわかる。R+S-の被験者も -ment, -ness などのTransparentタイプの形態素が生産的で、それを付加することによって名詞ができることに気づいている。それは、*explode*ment*, *explode*ness*, *similar*ment,* *histori*er* などのエラーから見てとることができる。問題なのは、R+S-の被験者は、上記の例のうち、*explodeness や *similarment にみられるように、形態素の付加される細かい法則や意味を習得していないことである。ment は動詞の語幹に付加され、result or product という意味になる一方、ness は形容詞に付加され、state or condition という意味になる（cf. 郡司、1993）。R+S+の被験者においては、*explodeness や *similarment などのエラーは見受けられず、こうした法則を理解していると思われる。またR+S-の被験者はShiftタイプの形態素の生産性についても、認識していることが観察できた。そのことは、*democrac*ious*, *publish*ian* などのエラーから推測できる。つまりR+S-は、Shiftタイプの語の分析をする時点で必ずしも劣っているわけではない。TransparentタイプにおいてもShiftタイプにおいても、「語幹＋形態素」という認識はあるものの、細かい法則を理解していない、あるいは、どの単語に付加すべきかが分かっていないということになる。R+S+とR+S-の違いは、R+S+が *historician, *explodation など目標語に近い誤りであるのに対して、R+S-のエラーは、*historier, *explodeness, *ignority, *urgentment などのように、目標語とかけ離れており、しかも前述したように、語幹と形態素の文法性を無視したものが見受けられるのである。前章において、R+S-のスペリングの問題は、音を文字に変換することに困難を感じていること、また黙字のつづりに見られるような、視覚的情報を取り込むことに精通していないことが挙げられた。これは主に単語の内部分析力の不足によるものであるが、このことは形態素の習得にもあてはま

第5章　L2 における Good Reader Poor Speller の形態素の習得について

る。「語幹＋形態素」という単語の成り立ちについての認識はあるものの、その形態素がどういった特性をもち、どの品詞に付加されるかという文法性につながる深い分析にはなっていない。Transparent タイプの単語は、語幹と形態素の境界がはっきりしているので、たとえば -ment は動詞に付加され名詞を形成する、という文法的特性を把握していればもっと生産的に覚えられるはずである。R+S- が予測に反して、むしろ Transparent タイプを苦手にしているのは、文法性に対する認識の低さによるものと考えられる。

　研究課題1、研究課題2を通して、全体的にリーディング能力とスペリング能力、および形態素処理能力について考察する。まず、読解力テスト、スペリング・テスト、形態素（意味）テスト、形態素（形態）テストがお互いに有意な相関を示していることから、これらの要素はお互いがお互いに影響しあっていると推測できる。次に、形態素（意味）と形態素（形態）にしぼって、R+S+ と R+S- の比較、および R+S- と R-S- の比較においてみてみると、R+S+ と R+S- の比較においては、形態素（意味）には有意差はなかったけれども、形態素（形態）には有意に近い差があった。R+S- と R-S- の比較においては、形態素（意味）、形態素（形態）ともに有意に近い差があった。R+S- は、スペリングに必要な full-cue analysis に困難を感じているが、そのことは単語の意味を覚えるとき（L2 → L1）には、さほどの不都合ではないのかもしれない。そこで単語の意味は覚えることができ、リーディングの際には生かしているが、語の分析力に欠けているので、形態素については、R+S+ に比べると知識が不足するということではないだろうか。

　本章では主に R+S- の特徴を、形態素的な語の意味と形態の習得を中心に探ってきた。その結果、R+S- は、形態素的な語の意味の習得については R+S+ と同程度であったが、形態の習得においては劣る傾向にあった。また形態素のタイプを Transparent, Middle, Shift の3つのタイプに分類して調べてみたところ、R+S- は R+S+ と比べるとむしろ Transparent タイプに弱点があるように思われた。これは形態素的な語が「語幹＋形態素」で成り立っているという表面的な分析はできていても、それ以上の文法的な

69

特性には認識が至っていないことを示している。そこで、R+S- が R+ たりえているのは、まず形態素的な語の「意味」を覚えていることによるものと思われる。そして、Bruck and Waters (1990) が明らかにしていたように、R+S は語認識（音読）テストにおいて、目標単語が出てくる前の文内容に大きく影響されるということであった。これは文脈により多く頼っているということを示している。そこで、R+S は文章レベルのリーディングにおいては、単語の意味を拾いつつ、コンテクストのもたらす余剰な情報に頼りながらトップダウン・アプローチを用いているにちがいないと推測できる。

R+S- は特異なケースではあったが、一般的なリーディングとスペリングの発達について示唆を得ることができる。R+S- は、スペリングにおいてはむしろ R-S- と近い特徴を示していたが、形態素の習得においては R+S+ と R-S- の中間に位置していた。これは、R- が R+ に転ずるとき、語の意味のみならず、語の形態においてもある程度の発達がみられることを示している。R+S- は R+S+ に比べると Poor Decoder であり、文字と音の連関規則に R+S+ ほど精通しているわけではない。しかし、語の形態の習得においては R-S- を上回っている。このことは、相関表の数値にも表れていたように、リーディングと形態素の習得の関連のほうが、リーディングとスペリングの習得との関連よりも強いことを示唆している。Bruck and Waters (1990) が論じているように、形態素的な語の処理は、リーディング能力やリーディング経験と何らかの形で相互作用していると推察される。R+S- は、単語の意味を覚え、decoding に問題をかかえながらも読解を行うようになる。その「読みの経験」は単語（語幹）に付随する形の形態素に気づくきっかけを与える。そのようにして形態素の知識が増すことにより、また読解力も向上する、という相互作用になっていると思われる。「形態素的な語」の習得は、スペリングに問題のある学習者が R-S- ではなく、R+S- に転ずる際の、ひとつの特徴的なポイントになっていると思われる。

第6章　L2のリーディング能力、スペリング能力を測る指標としての書き写しスパンについて

　第4章において、L2学習者のR+S-(この場合のRは読解力)を中心に、スペリング能力が未熟であるのに、読解力に優れている学習者の特徴を探った。最も特徴的なのは、初見の英文を音読する速度がR+S+に比べると遅いということである。また、スペリング・エラーの分析では、R-S-と同じ傾向を示し、規則的なつづりの語においても、また不規則なつづりや黙字が含まれている語では特に、エラーが多いということがわかった。これは、とりもなおさず、L2のR+S-もL1のR+S-と同じようにPoor Decoderであることを示している。

　ただし、忘れてはならないのは前章でも述べたように、R+S-は独自の方法でリーディング能力を発達させている、特異なタイプだということである。Poor Decoderのままで真に良い読み手になることは難しいと思われるので、R+S-にも補習教育は必要である。しかし言うまでも無く、より深刻な問題は大学生レベルにおけるR-S-の存在である。R-S-は文字と音の連関規則の知識をあまり持たず、decodingにおいて劣っており、そのことがスペリングの習得や、語彙習得、また高次レベルのリーディングに影響を与えている可能性がある。そこで、まずこのタイプを早く見つけるためのテストが必要になる。むろん、読解力テスト、スペリング・テストを個別に行い、個々人の弱点を詳しく分析することが最も望ましい。しかし、読解力テストは信頼性、妥当性が実証された標準テストが存在するが(TOEFL、TOEIC、英語検定など)、スペリング・テストには標準化されたものがない。そこで、本章においては、英語のリーディング能力とスペリング能力を統合的に測定する標準テストについて検討する。統合的なテストは、R+S+とR-S-を手早く見分けることができるため、コースの初め

の診断的テストなどにふさわしいと思われる。

第1節　本章の研究課題

　英語のリーディング能力とスペリング能力をより統合的に測定する方法のひとつとして、「書き写しスパン（copying span）」が挙げられる。書かれた言語を書き写す作業は、これまであまり、教育者の注目を集めてはいなかったが、例外的な研究事例として、Rothkopf (1980) がある。Rothkopf (1980) は、経験を積んだ熟達したタイピストを被験者として実験を行い、書き写しスパンがテキストの難易度、つまりリーダビリティを反映することを発見した。「書き写しスパン」とは、テキストを再度見返すことなく、一瞥して書き写せる文（単語）の長さであると定義される。書き写しスパンは、クローズテストのスコアや、Flesch の Reading Ease Index などのような、テキストの難易度の指標と有意な相関があると言われている。Rothkopf (1980) は、テキスト内の強い制約がより長い書き写しスパンを引き起こすのは、より多くの単語が短期記憶の中に取り込まれやすい、あるいは、テキスト内の制約が個々人の背景知識や経験とともに、記憶の呼び起こしを容易にするからだ、と述べている。この発見は、教育者にとって実際的な重要性を持っていると思われる。というのも、ここから、書き写しスパンが学習者の書き言葉の処理過程を反映しているという示唆が得られるからである。クローズテストが、テキストのリーダビリティの指標としてのみならず、言語の統合的な熟達度を図るテストとして機能するのと同じように、書き写しスパンも、（テキストの難易度を一定に保っておけば）書き言葉の統合的な処理能力（リーディングと、スペリングを含むライティング）を測るひとつの指標として機能するものと推論される。というのも、「書き写す」という行為は、テキストを読む行為と書く行為が両方含まれている。読むことと書くことを同時に行わないように注意させ、テキストを読んでいるときには書く手を止め、書いているときにはテキス

トを見ないようにさせれば、記憶域をある程度反映するとも考えられるのである。

興味深いことに、別の指標、つまり「書き写しスピード」も提案されている。Bradley (1983) は、英語を母語として話す子供（7～8歳児）の中でも、読みの能力が未熟な子供を対象として、実験を行ったところ、こうした子供は通常の子供と比べて、書き写すスピードが遅いことが明らかになった。これは、読みの能力が未熟な子供は、文字を意味のある、空間的に区別できる単位として構成することに困難を感じているからであるという。ここで、問題になるのは、もし書き写しスパンが書き言葉の統合的な処理能力を測る、妥当な指標とされるのならば、はたしてどちらの指標、つまり、書き写しスパンと書き写しスピードのどちらがより強力な指標であるかということである。本章においては、この書き写しスパンと、書き写しスピードのどちらがより、英語の読解力とディクテーションの得点と関連しているかを明らかにすることを目的とする。読解力テストとディクテーション・テストはそれぞれ、読解力と聴解力・書く力を測るものであるので、これらとの相関関係が先の研究課題の答えを与えてくれるものと思われる。

第2節　研究方法

2.1. 被験者　43人の日本人短期大学学生（私立短期大学の2年生、英語科学生）

2.2. 材料
被験者に与えられたタスクは、①英語の読解力テスト、②英語のディクテーション・テスト、③英語の文章の書き写し、④日本語の文章の書き写し、の4種類であった。日本語の文章の書き写しを含めたのは、書き写しスパンやスピードにおいて、L1とL2とでは、違いが見られるのかどうか

を確認するためである。英語の読解力テストは、*Doherty and Ilyin's English Language Skills Assessment: Advanced Narrative for Levels 500-800* から抜粋されたもので、25項目からなる多肢選択タイプのクローズ・テストである。

　Ando (1981) から抜粋された、A Party on the Ice という教材が、英語の書き写しテストとディクテーション・テストの両方に用いられた。書き写しテストとディクテーション・テストの難易度を同等に保つために、テキストは2つに分割され (Part 1 and Part 2)、被験者もまた2グループに分割された (Group 1 and Group 2)。102語から成る Part 1 のテキストが、Group 1 の被験者の書き写しスパンに用いられ、同じテキストが Group 2 のディクテーション・テストに用いられた。同じように、85語から成る Part 2 のテキストが Group 1 の被験者にディクテーション・テストとして用いられ、Group 2 の被験者には書き写しスパンとして用いられた。Part 1 と Part 2 の Flesch Reading Ease Index によるリーダビリティは、それぞれ86.15と89.00であり、両方とも、"Very Easy" というカテゴリーに分類される。ディクテーション・テストに関しては、被験者にとってなじみのある、日本人の英語教師が音読し、テープに吹き込んだものを使用した。読みのスピードは120wpmで、被験者が英語を音読する平均的な速度に近いものとした。

　日本語の文章の書き写しのためのテキストとしては、村上春樹の短いエッセイを選定した。その文章には、176のかな文字と漢字が含まれており、阪本 (1971) をもとに測定したリーダビリティは、漢字の使用率については、"Easy" であり、文の長さについては、"Average" であった。

2.3. 手順

　英語の読解力テストとディクテーション・テストは被験者の通常授業の中で一斉に実施した。英語の読解力テストに関しては、英文を読み、途中で（定期的に）でてくる選択肢の中から、最もふさわしい項目を選ぶように指示した。ディクテーション・テストにおいては、テープから流れる音

声をすべて書き取るように指示した。テープは3回流した。3回とも、被験者が書き取れるよう、一文の切れ目の後で、ポーズを置いた。一文の長さは、8語から20語であった。所要時間は、読解力テストに20分、ディクテーション・テストに20分であった。

　書き写しテストは個別に行った。被験者にモデルになる文章と、白紙を渡し、2分間の間、できるだけ速く、しかも正確に書き写すように指示した。また、被験者には、文章を読んでいる間は書かないように指示した。つまり見るか書くかどちらか一方だけするようにし、同時に行わないように、ということである。被験者が書き取っている間、調査者は被験者には気づかれないように書き写し行動を観察し、書き写しの切れ目を記録していった。(調査者は、被験者が書き写しているのと同じオリジナル・テキストを持ち、被験者が手を止めて、テキストを見るたびに、その箇所にスラッシュを入れていった。) まず、英語の書き写しテストを実施し、少し休みを与えてから、日本語の書き写しテストを実施した。

2.4. 採点

　読解力テストにおいて、それぞれの正答に対して、1点を与えた。満点は25点であった。ディクテーション・テストにおいて、完全正答方式を採用した。つまり、正しいつづりで単語が書かれていれば、一単語につき、1点を与えた。Part 1 の文章については、102点満点、Part 2 の文章については85点満点であった。

　書き写しテストに関しては、3つの測定を行った。まず、一つ目は書き写しスパンである。英語の書き写しテストにおいては、一瞥することで正しく書き写すことができた平均単語数であり、日本語の書き写しテストにおいては、一瞥することで正しく書き写すことができた文字 (かなと漢字) である。次に書き写しスピードである。これは、英語については、wpm (words per minute、一分間に書き写した単語数)、日本語については lpm (letters per minute、一分間に書き写した文字数) で測定した。最後に書き写している間に被験者が手を止めた休止回数 (the number of breaks) も数

えた。つまり、手を止めた回数×書き写しスパンの平均＝書き写しスピード、という式になる。

2.5. 信頼性

　読解力テスト、ディクテーション・テスト、書き写しスパン（英語）、書き写しスパン（日本語）のスプリット・ハーフ・リライアビリティは、それぞれ、0.56、0.86、0.64、0.60であった。読解力テストの信頼性は予想よりも低いものであったが、少なくとも、熟達した読み手と未熟な読み手は弁別していたものと思われた。

第3節　結果と考察

3.1. 結果

　平均、S.D.、8つのテストの相関は表15に示されたとおりである。分析は、読解力テスト、ディクテーション・テストと英語の書き写しに焦点をしぼった。読解力テストは、休止回数と負の有意な相関を示し（$r=-0.32, p<0.05$）、書き写しスパンとは正の有意な相関を示していた（$r=0.38, p<0.05$）。また、書き写しスピードとは相関がなかった（$r=0.16$）。その一方で、ディクテーション・テストは、書き写しスピードと、書き写しスパンの両方と有意な相関が見られたが（それぞれ、$r=0.31, p<0.05, r=0.42, p<0.01$）、休止回数とは負の相関が見られた（$r=-0.24$）。このような結果、つまり、書き写しスパンは、読解力とディクテーションの両方と有意な相関を示していたのに対して、書き写しスピードはディクテーションとのみ、有意な相関を示していたこと、及び、書き写しスパンのほうが、書き写しスピードよりも、ディクテーションと強い相関を示していたことから、おそらく、書き写しスピードよりも書き写しスパンのほうが、書き言葉の統合的な処理能力を測るのには、優れた指標であると結論づけることができる。

第6章 L2のリーディング能力、スペリング能力を測る指標としての書き写しスパンについて

表15 読解力テスト、ディクテーション・テスト、書き写しスピード（英語、日本語）、休止回数（英語、日本語）、書き写しスパン（英語、日本語）の相関

	1.	2.	3.	4.	5.	6.	7.	8.
1.読解力（英語）								
2.ディクテ（英語）	0.47†							
3.スピード（英語）	0.16	0.31*						
4.休止回数（英語）	-0.32*	-0.24	0.34*					
5.スパン（英語）	0.38*	0.42†	0.12	-0.83†				
6.スピード（日本語）	0.13	0.20	0.77†	0.30*	0.09			
7.休止回数（日本語）	-0.07	0.02	0.51†	0.64†	-0.36*	0.56†		
8.スパン（日本語）	0.14	0.08	-0.23	-0.58†	0.49*	-0.18	-0.87†	
平均	45.04[a]	77.00[a]	22.66[b]	20.95	2.36	44.76[c]	14.28	6.98
S.D.	12.00	10.16	3.42	5.98	0.68	7.08	5.23	2.17

*$p<0.05$ † $p<0.01$
[a] Percent correct. [b] wpm (words per minute). [c] lpm (letters per minute)

　読解力テストと書き写しスパンの間に有意な相関は見られたものの、比較的に低い数値であった。それについては、少なくとも次のような3つの理由が考えられる。まず一つ目として、テストの信頼性があまり高くなかったことが挙げられよう。二つ目として、「正確さ」と「書き写しスパン」の間にトレード・オフが見られたのかもしれない。つまり正確さを重視する被験者は、そうでない被験者よりも、より多くの回数、テキストを見たとも考えられる。三つ目として、最も重要だと考えられることだが、読解力と書き写しスパンの間に開き（disparity）のある被験者が数名いたことが、相関を低くしてしまった可能性がある。読解力と書き写しスパンの間に開きがある被験者とは、つまり、読解力上位者であるのに、書き写しスパンは短い、あるいは逆に、読解力下位者であるのに、書き写しスパンは長い、といったタイプである。読解力テストの平均スコアである45％以上正解した被験者19人を、読解力上位者として抽出したところ、その中の6人（31.6％）の書き写しスパンが平均スパン（2.36）を下回っていた。さらに、読解力テスト40％以下しか正解しなかった被験者17人を読解力下位者として抽出し、調べたところ、そのうち3人（17.6％）の書き写しスパンが平均スパンを上回っていた。これらの読解力上位者と下位者の、読解

力テストの平均値と書き写しスパンの平均値は、表16に示されているとおりである。読解力上位者の中の、書き写しスパンが長いタイプ（longer span copiers）と短いタイプ（shorter span copiers）の書き写しスパンの間には、有意な差があった [$F(1, 34) = 25.04, p < 0.001$]。読解力下位者については、相当する被験者の数が少ないため、統計処理は行わず、観察するにとどめるが、表16から、読解力下位者においても、書き写しスパンが長いタイプと短いタイプが存在することは明らかであった。

表16　読解力上位者と読解力下位者の読解力テストと書き写しスパンの平均

書き写し	人数	読解力上位者（19人）				読解力下位者（17人）			
		読解力		スパン		読解力		スパン	
		平均	S.D.	平均	S.D.	平均	S.D.	平均	S.D.
長いスパン	16	13.8	1.5	2.9	0.5	8.0	0.5	2.9	0.7
短いスパン	20	14.1	1.8	1.9	0.3	8.3	1.5	1.9	0.3

一方で、書き写しスパンはスペリング能力と関係があるように思われる。スペリング能力は、ディクテーション・テストで書かれた総語数に対するスペリング・エラーの割合によって推論することができる。スペリング・エラーの割合を計算し、スペリング・エラーと書き写しスパンの相関をとってみると、負の有意な相関があった（$r = -0.33, p < 0.05$）。

最後に、表15からの発見として、日本語と英語の書き写しの間に、大きな相関があることが明らかになった。書き写しスピードでは、0.77、休止回数では、0.64、そして、書き写しスパンでは0.49であった。

3.2. 考察

Rothkopf (1980) は、書き写しスパンが、書き言葉のテキストの難易度を示す新たな指標になりうることを提案した。本研究は、それとは裏表の関係になっており、テキストの難易度を決定しておけば、書き写しスパンが学習者の書き言葉の統合的な処理能力（リーディングとスペリング）を

測る指標となりうることに焦点をあてた。この指標の妥当性は、読解力テスト、ディクテーション、スペリング能力などとの有意な関係性によって示された。

　書き言葉の統合的な処理能力の指標としては、書き写しスピードよりも、むしろ書き写しスパンのほうが優れていると思われるが、このことはBradley (1983) のデータとは必ずしも一致していない。Bradley (1983) は、英語を母語として話す子供（7歳児）で、読みにおいて未熟な子供は、通常の子供よりも散文を書き写すのが遅かったと報告していた。しかしながら、読みにおいて通常の力を持つ被験児は、単語や句ごとに書き写していたのに対して、読みの未熟な被験児は、文字ごとに書き写していた。そういった、読みの未熟な被験児の書き写し行動を観察することによって、彼らがなぜそのようにスピードが遅いのかを説明することができるのと同時に、そういった子供の書き写しスパンは、読みにおいて通常の力を持つ子供よりも、著しく短いと推察されるのである。

　しかしながら、書き写しスピードが、ESLにおける学習者の書き言葉の処理能力を測る測定方法として、意味がないということにはならない。書き写しスピードは、読解力テストよりもディクテーション・テストと強い関連があった。読解力テストと書き写しスピードとの間に有意な相関がなかったが、ディクテーションと書き写しスピードの間には有意な相関があった。このことは、読解力テストとディクテーション・テストの特性の違いによって、説明されると思われる。書き写しテストは、ディクテーションと形が似ているともいえる。つまり、ディクテーション・テストは、書き言葉のテキストの替わりに、話し言葉のテキストを書き写しているとみなすことができるからである。そのように考えるならば、書き言葉をより速く書き写すことのできる被験者が、決められたスピードで話し言葉が提示されるディクテーション・テストにおいて、同じように優位性を示すのは、当然であるといえよう。その一方で、書き写しスパンの平均 2.36 words は、第一試行のディクテーションのスパンの平均 4.60 words よりもかなり短い（$t_{42} = 13.31, p < 0.001$）。書き言葉の書き写しスパンが、

ディクテーションのスパンよりも短かったのは、前者においては被験者が自分のペースで書き写しを行っていたのに対し、後者においては調査者のペースで提示されたものに対して、書き写しが行われていたからであろう。

　本研究の結果において、注目に値するのは、書き言葉の処理能力を測る、ひとつの指標としての書き写しスパンの弁別力が、読解力上位者の中の書き写しスパンが短いタイプ（31.6%）と、読解力下位者の中の書き写しスパンが長いタイプ（17.6%）の存在によって、いくぶん弱くなっていたことである。読解力上位者で書き写しスパンが短いタイプは、前章までで検討してきた Good Reader Poor Speller（R+S-）を思い起こさせる。つまり、読解力とスペリング能力の間に極端な不均衡が見られるタイプの学習者である。こういったタイプの学習者が本研究の被験者の中にいることは、驚くべきことではない。文章が読めることと、書き写しスパンが短いこと、つまりスペリング能力の未熟は同時に起こりうる。というのも、第2章と第3章でも述べたように、学習者は英語の文章を読むとき、単語の文字列の部分的情報（partial cue）で事足りる場合もありうるが、スペリングの場合は、文字列のすべてを分析し、把握しておかなければならないからである（cf. Frith, 1980）。その一方で、読解力下位者で書き写しスパンが長いタイプは Poor Reader Good Speller（R-S+）ということになるが、このタイプも存在しうる。単語の文字列をすべて把握していたとしても、それだけで流暢な読みにつながるとはいえず、読解力の十分条件ではないからである。結局のところ、読解力下位者で書き写しスパンが長いタイプは特に、その数の少なさからいっても、例外的だといってよく、結論として、書き写しスパンが長い被験者は、読みに熟達している傾向があり、短い被験者は読みが未熟である傾向がある（$\chi_1^2 = 36.02$, $p < 0.01$）といえる。ただし、読解力上位者で書き写しスパンが短いタイプは、そのパーセンテージ（31.6%）からすると、例外的とはいえないかもしれない。つまり、書き写しスパンからだけでは、このタイプを見極めることは難しいことになる。

　本研究の、予想外の興味深い発見として、L1 と L2 の書き写し行動の類

第6章　L2のリーディング能力、スペリング能力を測る指標としての書き写しスパンについて

似性が挙げられる。L1とL2の間の、書き写しスピード、休止回数、書き写しスパンの相関は、それぞれ0.77、0.64、0.49であった。これは、母語からの転移、短期記憶あるいは作動記憶、書き写しストラテジーなどさまざまな側面から解釈することができ、今後の研究につながる興味深いトピックであると思われる。

　これまでのところで明らかになったことは、書き写しスパンが書き言葉における統合的処理能力を測るひとつの指標として、有効性を備えているということである。今後さらに検討していくべき課題として挙げられることは、書き写しスパンを測るために用いられるテキストの、「最適な難易度」の妥当性と信頼性についてである。また、この点に関連して、テキストの「最適な長さ」も同様に検討されるべきであろう。さらに、視覚的記憶（cf. Ormrod, 1985）、読みのスパン、運動能力（motor skills）などの要因も、言語テストとしての書き写しタスクを考える場合に、考慮に入れるべき要因であろう。

　書き写しテストを実際の教育現場で用いる場合、いくつか考慮に入れておかなければならないことがある。ひとつは実施可能性（practicability）の問題である。今回の実験では、正確さを期するために、書き写しテストを個別に行ったが、実際的には一斉実施も可能である。学習者が書き写している際、手をとめてテキストを見るたびに、学習者みずからが書き写したところまでスラッシュを引いていけばよいのである。またスパンも各自で計算できるので、簡便である。もうひとつは、書き写しスパンが短い学習者の中にも良い読み手がいるかもしれないこと（R+S-）である。このテストを、弱点を見つけて補習するために使用するのであれば、スパンが短い学習者には、一般に語彙指導も含むリーディング指導やスペリング指導など、読み書き両面からの指導を行うことになる。しかし、R+S-にはむしろスペリングと音読を中心とした指導が必要になるのである。書き写しテストは統合的なテストであるので、性質上も、書き写しテストだけでR+S-を見極めるのは難しい。そこで他のテストと組み合わせる必要があるが、たとえば、第4章で指摘した英文の音読テストを複数回実施するこ

となどがひとつの例である。ある学生の初回の音読速度は平均以下であるのに、2回目の音読速度が平均以上に上がっていればR+S-である可能性が高い。いずれにもせよ、書き写しテストだけではR+S-とR-S-を見極めるのは難しく、どのようなテストと組み合わせるかについては、今後研究の余地があると思われる。

第7章　結論と論考

第1節　結論

　本章ではL2学習者のスペリング能力とリーディング能力について、主にR+S-を中心に調査・検証を行った。以下では研究課題に沿って要約し、さらに論考を加える。

1．L2学習者のスペリングとリーディング（読解）において、文字と音の連関規則に関する知識はどの程度の役割を果たしているのか。

　第2章と第3章において、明らかになったことは、L2学習者が英単語のスペリング（特に不規則なつづり）をする際に、文字と音の連関規則に関する知識が役割を果たしていることである。一方で読解としてのリーディングにおいては、文字と音の連関知識に関する知識は部分的にしか関わっていないことも明らかになった。

　ここで、L2スペリングを中心にさらに考察を加える。Cook (2004) やWade-Woolley and Siegel (1997) でも触れられていたように、L2スペリングの際のL1の影響はさほど大きなものではないことを考慮に入れると、語レベルのL2スペリングとL2リーディング（音読できること）の過程も、ある程度L1と同じ道筋を経るものと考えられる。つまり、Frith (1985) の6段階にあてはめて考えることができるのではないか（p. 20参照）。日本人学習者の場合は 2a, 2b の段階以降が特に重要である。つまりWriting における alphabetic 1 で文字と音の間には連関があることに気づくようになり、その知識は Reading（音読できること）へと転移する (alphabetic 2)。次の段階で、文字と音の結びつきの正字法的特徴に気づ

83

く（orthographic 1）。さらにそれは発展して、最後に Writing の表出においても、その知識を駆使するようになる（orthographic 2）と思われる。日本人英語学習者の場合は、日本語の読み書き、またローマ字の学習によって、12歳くらいまでには文字と音の連関や音韻認識は多少でも育っている。そのことを考慮に入れながら、Frith (1985) の6段階の 2a, 2b の Writing における alphabetic 1, 2 そして、そこから Reading の alphabetic 2 への移行を、意識的な指導によりスムーズにもっていくことが重要になる。指導方法としては、Phonics や SPS 法（Simultaneous Phonic Spelling）、また文字と音の連関に着目させながらの単語の音読などが挙げられる。

2．L2 学習者の中にも R+S-（この場合の R は読解力）が存在するのかどうかを再度確認し、R+S- の音読速度とスペリング・エラーおよび形態素の習得状況を調べることにより、その特徴をよりくわしく究明する。

　第4章と第5章においては、L2 学習者の R+S- の特徴を探った。これは、リーディング能力（読解力）とスペリングのかかわりを探るにあたり、R+S- という特異なタイプから知見を得ようとするものであった。第4章において明らかにされた R+S- の特徴は、初見の英文を音読する速度が R+S+ に比べると遅いということである。また、スペリング・エラーの分析では、R-S- と同じ傾向を示し、規則的なつづりの語においても、また不規則なつづりや黙字が含まれている語では特に、エラーが多いということがわかった。これは、L2 の R+S- も L1 の R+S- と同じように Poor Decoder であることを示している。これらの現象は Frith (1980) の言う partial-cue strategy と関係があるものと思われる。Frith は Poor Spellers は英単語の一部分の文字列（partial cue）にしか注意を向けておらず、語の内部を注意深く分析する能力に欠けており、R+S- の S- の部分は、このことが要因になっているのではないかと述べている。これは Holmes and Ng (1993) が指摘することとも一致している。彼らは英語母語話者の大学生の Poor Spellers は、英単語の文字列の（前後ではなく）内部のつづりを

変えているもの（たとえばdomesticをdomtseic）には気づきにくい、という実験結果を報告している。第5章において、L2のR+S-の形態素的な語（morphologic words）の習得状況を調査したところ、語幹の意味（たとえばretireは「退職する」という意味である）はR+S+と同じ程度に習熟しているけれども、形態素が付加され名詞になった形態（retirement）には習熟していないことが明らかになった。特に規則性が顕著なTransparentタイプの形態素の習得に遅れがみられた。これはスペリングの場合と同様に、R+S+と比べるとR+S-は、語の形態的な内部構造にあまり注意を払っておらず、特に形態素の文法的特性に関わる分析力が欠けていることを示している。

　R+S-がR+たりえているのは、読解においての語認識は上述したpartial-cue strategyを用いることで対処できるうえ、語の意味情報、語のコロケーション、統語情報、あるいは背景知識などを利用するトップダウン・アプローチを行っていることによると推測される。Vellutino et al. (1991) は、英語母語話者の読解力の構成要素について調査し、未熟な読み手や年少の読み手の読解力は語認識と深く関わっている一方で、熟達した読み手や年上の読み手の読解力は、リスニング能力と高い相関があることを明らかにした。要約すれば、リーディングの初期段階においては、まず語認識などの下位技能が重要であるが、その段階を超えればリスニングと共通する上位技能（トップダウン・アプローチを含む）が重要になってくるということである。L2のR+S-は語認識は完全ではないが、テキスト理解（読解）に優れているということであるので、リスニング能力にも優れている可能性はある。

　しかし、いずれにせよR+S-がPoor Decoderであることに変わりはない。L1の研究においては、Bruck and Waters (1990) が、R+S-が黙読においても速度が遅いことを報告しており、L2のR+S-も本当の意味での熟達した読み手とはいえないと推測されるのである。

3．研究課題1と2で分かったことを基にして、L2学習者の書き言葉の

発達について考察する。その上で、書き言葉の処理能力（リーディングとスペリング）を統合的に測るテストについて検討する。

研究課題1においては、L2学習者の語レベルのスペリングとリーディング（音読）は、互いに相互作用しながら発達していることが示唆されていた。研究課題2においては、高次レベルのリーディング（読解）において、decoding に未熟な点があっても、語の意味を習得しており、おそらくはトップダウン・ストラテジーを利用できれば、ある程度の読みができることがR+S-の研究により明らかにされた。ここで、研究課題2について、R+S-はあくまで特異な事例であるということを考慮にいれて、さらなる考察を加える。通常の読解過程における語彙へのアクセスは、L1においてもL2においても音韻ルート（phonological recoding）を経るものと考えられている。Ellis (1994a) は次のようにまとめている。

> A reasonable consensus exists in the literature concerning the psychology of reading an alphabetic language that there are two ways of accessing the lexicon from written text, (i) a grapheme-to-phoneme route where the reader derives phonology from print by means of either grapheme-phoneme correspondence rules or analogies and uses this phonological representation for lexical access, and (ii) an orthographic route with access direct from the letter string.　　　　(Ellis, 1994a, p. 239)

上記の引用の(ii)は direct access route とも呼ばれ、音韻化することなく意味にアクセスすることであるが、これは頻度の高い語や短い語（たとえば the, of など）について、(i)の音韻ルートを経たあとに得られるものであるとされている。つまり、音韻ルートを経て語の意味にアクセスするのが通常の様態であるとされている。語の音韻化はdecodingに関わるので、この能力に問題があると、この点で遅れることになる。R+S-の黙読速度が遅いのは、この点が問題になっていると思われる。

しかし、R+S-はアクセスに多少時間がかかっても、アクセス可能な語の数、つまり意味を覚えている語の数は比較的多いこともわかった。これはL2の語彙習得過程と関係がある。語彙の習得過程において、L1におい

ても L2 においても語の音韻は大きな役割を果たしているといわれている。L1 においては Gathercole and Baddeley (1990) が、語の音韻的性質をいかに効率よく短期記憶にとどめておくことができるかどうかが、語の意味も含めて長期記憶への保持につながると述べているほか、L2 習得においても Service (1992) がこのことを裏付けている。つまり英単語の音韻（読み方）を知っていて、それを短期記憶にとどめることが、語の意味の習得にもつながっているということである。そうであれば、ここにも decoding の要素が関わっており、R+S- には不利な要素である。しかしながら、語彙学習には語のつづりを覚える産出的な面（L1 → L2）と語の意味を覚える受容的な面（L2 → L1）がある。そして、Ellis and Beaton (1993b) はこの点について、さまざまな実験を行った結果、次のように述べている。

> The present study's findings suggest that phonological factors are more implicated in productive learning when the student has a greater cognitive burden in terms of sensory and motor learning. ... The present by-word analyses clarify this in that they demonstrate the strong effects of the foreign word's regularity of pronunciation on the success of learning. Such an effect is absent in receptive learning.　　　　(Ellis and Beaton, 1993b, p. 601)

つまり語の音韻的な側面は、つづりを覚える際には重要であるが、意味を覚える際にはさほどではないということである。そこで、R+S- は文字列を音韻に変換することに困難を感じているとしても、語の意味を覚えることが可能なのである。

　次に形態素の習得とリーディングについて考察する。第 5 章で述べたように、語幹に形態素を付加する能力はリーディング（読解）と高い相関がある。R+S- は R-S- との間にスペリングでは有意差がなかったが、形態素を付加するテストでは、有意に近い差があった。R+S- と R+S+ の間にも有意に近い差があったことから、むろんスペリング能力とも関係があるが、形態素の習得はまずリーディング能力と互いに影響しながら発達しているものと推察される。つまり、R+S- は文字列を音韻に変換することに困難

を感じつつも、単語の意味は覚えることができ、読解を行うようになる。その「読みの経験」は、単語（語幹）に付随する形の形態素の習得に好影響を与える。そのように形態素の知識が増すことにより、また読解力も上がる、という相互作用である。このことは Bruck and Waters (1990) の L1 研究から得られた示唆とも一致している。

　上記までの考察を基にして、L2 リーディングと L2 スペリングの関係を図式化したものを次ページに示す。図式を作成するにあたっては、Frith (1985) と Cameron (2001) を参考にした。また logographic (lexical), alphabetic (phonological), orthographic (morphological) のカッコに示した部分は、Seymour and Evans (1994) の L1 スペリングのモデルを参考としたものであり (p. 134)、それぞれの段階における strategy (lexical strategy, phonological strategy, morphological strategy) を示している。

　要約すると、decoding、つまり文字列を音韻化する能力は、スペリングのみならず語彙習得の側面にも関わっており、さらにはリーディングのスピード面に影響を及ぼす可能性がある、ということである。結局のところ R+S- の R+ の部分は、decoding の能力不足をどこかで補うことで成立している、あるいは decoding とはあまり関係ない語彙の受容的側面で成立している、といってよく、Bruck and Waters (1990) が指摘したように、本当の意味で効率的に読める読み手 (efficient reader) とは言えないと結論づけることができる。そこで、R-S- はもちろんのこと、R+S- についても早めに特定して、補習教育を行う必要があろう。第 6 章では、初期の診断テストにふさわしいと思われる書き言葉の統合的テストとして、書き写しテストを提案し、書き写しスパンがひとつの指標となることを示した。ただし、このテストは統合的テストという性質もあって、R-S- の特定はできても、R+S- の特定は難しいことがわかった。そこで、英文テキストの音読テスト（複数回）との併用が示唆された。

第 7 章　結論と論考

［reading comprehension］

text
↓↑
sentences
↓↑
words
(meaning)
(morpheme)
↓↑

orthographic (morphological)　　　　　　　orthographic
alphabetic (phonological)　　　　　　　　alphabetic
logographic (lexical)　　　　　　　　　　logographic
(symbolic)

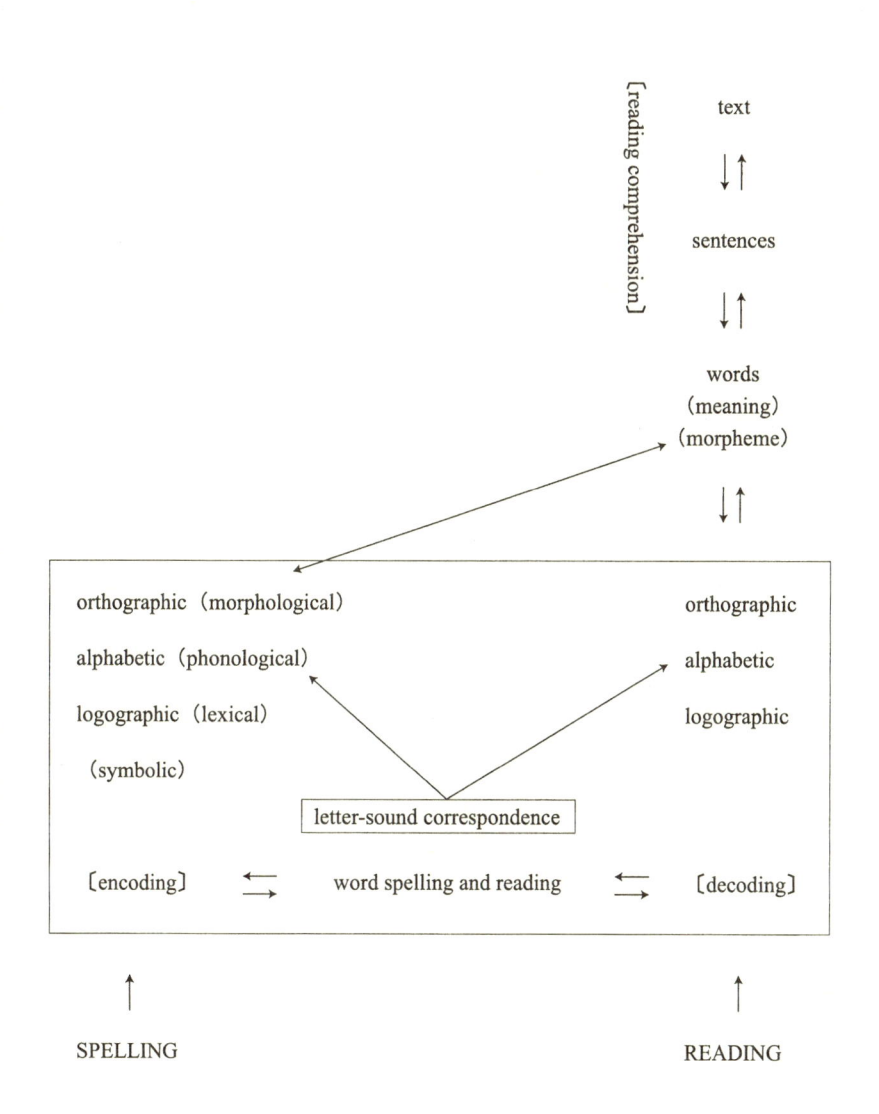

letter-sound correspondence

［encoding］　⇄　word spelling and reading　⇄　［decoding］

↑　　　　　　　　　　　　　　　　　　↑
SPELLING　　　　　　　　　　　　　READING

図 2　L2 リーディングと L2 スペリングの関係図

第2節　教育的示唆

　本節では、本研究で得られた結果をもとに、教育的示唆としていくつかの教授法に触れる。L2学習者にとって、英語のつづりの習得は初期段階のひとつの関門であるといわれている。初学者にとって英語のつづりが難しいのは、基本的な単語の中に不規則なつづりが多く含まれていることがひとつの原因ではないかと思われる。日本の中学校で最も多く用いられている教科書（New Horizon English Course 1, 2, 3）の新出単語のうち、どのくらい不規則なつづりが含まれているかを調査してみたところ、1年生における新出単語のうち、黙字を含む不規則なつづりは1割強、2年生においては1割弱、3年生においてはおよそ7％であった（Appendix 2 参照）。また1年生の不規則つづりのほとんどは、「特に覚えたい語」として指定されていた。（これらの単語は Sunshine English Course ともほとんど共通していた。）1年生においては、規則的なつづりをまず習得したうえで、他の学年に比べて割合が高い不規則なつづりも覚えなくてはならない。これは必ずしも簡単な作業ではないが、これらの基本的な規則的なつづりと不規則なつづりを中学3年間のうちに習得しておくことが、その後のスペリング能力はもちろんのこと、リーディング能力にも影響を及ぼすことになるのである（Appendix 3 参照）。

　これまでの考察で明らかになったように、L2スペリングとL2リーディングの発達のためには、擬似語の読みの基本となる文字と音の連関規則を身につけさせ、まず規則的なつづりの習得を目指すことが重要である。これは Frith (1985) の6段階によれば、2bの段階である。このことは入門期に対処することが望ましいと考えられる。文字と音の連関規則に着目した方法で、入門期段階にふさわしいと考えられるのは、phonics である。phonics は16世紀にイギリスの John Hart が、文字と音の関係を子供に学ばせるために提唱した指導法である（Taylor and Taylor, 1983）。phonics で

は、まずアルファベットの普通の読み方を教えたのち、phonics alphabet を教える。これは、たとえば a であれば、a そのものの読み方 /ei/ ではなく、単語の中にあって最もよく読まれる読み方 /æ/ を教える方法で、c であれば /k/ と読むと教える。26文字にはそれぞれの読み方があることを徹底して教え、たとえば、map は /m/, /æ/, /p/ の3つの音で成り立っていると理解させてから、/mæp/ と読ませる。この方法はきわめて分析的な方法であり、この方法を用いれば、初見の単語でも音読できるようになる可能性は高い。実際に、Connelly et al. (2001) は、英語母語話者の6歳児を対象に、phonics クラスと book experience クラスに分けて実験を実施し、前者のほうが規則的なつづりの語や擬似語を正確に音読することができ、読解力においても優れていたと報告している。(ただし、phonics では blue の ue /u:/ を規則化するなど、覚えるべきルールが多く、工夫を要する点もある。)

一方、phonics は基本的に単語のつづりを見て、音読できるようになることを目指しており、「スペリング」は「読み」のあとになる。しかし、Frith (1985) の6段階や、Cataldo and Ellis (1988) で示されていたように、スペリングをすることで、文字と音の連関がより明示的に理解され、読めるようになる、という方向性があることも忘れてはならない。そこで、教師が新出単語を教える際のつづりの提示のしかたを問題にする研究者もいる。山田他 (1988) は、新出単語のつづりを学習者に提示する方法として、Whole Word Method, Simultaneous Oral Spelling (SOS), Simulta neous Phonic Spelling (SPS) の3種を紹介している。そして、単語のつづりを区切ることなく一度に提示する（たとえば、pencil が一気に書かれ、/pensl/ と発音される）Whole Word Method は、語の内部分析が明示的に行われないので、良い方法ではない、と指摘している。また山田他 (1988) によると、SOS 法は、単語のつづりのひとつひとつのアルファベットの読み方を言いながら、提示する方法であり、SPS 法は、語を文字（群）に分析し、その文字（群）と音（音節または音素）の結びつきを学習させる方法である。たとえば、pencil を教える場合、pe と書きながら /pe/ とゆっくり発音し、

次に n と書き、/n/ と発音する。同様に、続けて ci に対して /si/ と発音し、l に対して /lə/ と発音する（p. 155）。山田他（1988）は、SOS 法に比べると、SPS 法のほうが一度学んだものを、他の単語の読みへと応用できる点で、優れていると述べている。(たとえば、trip の tri /tri/ を学び、kick の ck /k/ を学んだものは、未知語の trick を読める、など。) SPS 法は始めに述べたように、つづり方を提示するという点でスペリングからリーディング（音読）へと移行するという、読み書き習得の順序に則った方法であると考えられ、初学者にとっては有効であると思われる。実際に、山田他（1988）は、ローマ字を基礎とした分節法を用いた SPS 法で中学生に英単語を教え、英語の中間試験において、実験クラスの平均点のほうが、学年平均よりも高かった、と報告している。

　これまでのところでは、phonics と SPS 法について検討してきた。これらの方法は、主に入門期段階で用いられる方法であり、Frith（1985）の 6 段階における 2b の段階でのつまずきを未然に防ぐものである。それでは、その段階を経たのちの、英語の不規則なつづりも含めた正字法規則の段階でつまずいている場合（Frith の段階の 3a）にはどのように対処すべきであろうか（R+S- もこの段階であると思われる）。この段階の学習者にも、引き続き語の内部分析に注意を促すべきであるが、基本的な文字と音の連関はある程度は理解していることや、すでに入門期を過ぎて、自分なりの学習方略を確立している可能性もあり、phonics や SPS 法は最適の方法とは思われない。そこで、この段階の学習者に有効だと思われるひとつの方法は、「音読」である。佐久間（2000）によると、音読の目的には次の 3 つがある。

　　（1）文字言語を音声と結びつける。
　　（2）文字言語の内容を理解する。
　　（3）文字言語の内容を踏まえ、より適切かつ効果的に音声言語化する。　　　　　　　　　　　　　　　　　　　　　　　(p. 134)

上記のうち、（1）のタイプの音読がこの段階の学習者に必要とされる音読であると思われる。文字を声に出して読むには、文字と音の連関を解っ

ていなければならず、連関を意識して練習することになるからである。読むたびに、音読スピードが速くなるよう意識させながら、音読させると効果的であろう。すでに繰り返し述べてきたように、スムーズに音読できることは、自動的語認識の第一歩であり、すばやい語認識は効率的な読み（内容理解を伴う）につながる（cf. Grabe, 1991）。そして、そのことはスペリング能力の向上の基礎となる。

　ただし、スペリング力向上のためには、音読で読めるようになった単語や文を、次はディクテーションなどで、実際に書けるかどうかを確認することが必要である。スペリングが産出技能であることを考慮に入れると、音から入ってアウトプットに力点が置かれるディクテーションは、効果的な方法であると思われる。さらにスペリングに特化した方法については、Holmes and Malone (2004) が、英語母語話者の大学生を対象に、R+S+ とR+S- のスペリング・ストラテジーについて調査を行っている。大学生が実際に用いたストラテジーには、文字列を繰り返して言う（letter rehearsal）、音節ごとに区切ってつづりと照らしあわせながら、ゆっくり発音する（overpronunciation、たとえば Zucchini が目標単語であれば、Zook-cheenie）、自分が間違って書いたつづりと正しいつづりを比較する（comparison）など7種類が確認された。そして、R+S- においては特に overpronunciation と comparison をそれぞれ単独ではなく、letter rehearsal と組みあわせて使うと効果的であったと報告している。いずれも文字と音とのつながりに着目させ、分析的になることを促す方法であるといえる。また、単語の構造に対して分析的な見方を養うためには、上記のような機械的な方法だけではなく、単語の語源や読み方の変化（昔は黙字の部分もすべて発音されていたなど）を説明して理解させるなどの、認知的な方法も考えられる。

第3節　今後の研究課題

　本研究において、L2学習者のスペリング能力とリーディング能力の関

係について、R+S- という特異なタイプの研究をもとにして検討してきた。結局のところ、書き言葉の発達における文字と音の連関知識の重要性、またその知識に基づく decoding の重要性が指摘された。しかしながら、高次レベルのリーディング（読解）において、R+S- がどのように decoding の不足を補っているかについては推測の域を出なかった。さらに、教育的な側面において、何ら実際的な調査を行っておらず、理念的な指摘にとどまっていた。これらのことを考慮に入れて、以下の3点を今後の研究課題として挙げる。

1. L2 リーディングにおけるトップダウン・アプローチとボトムアップ・アプローチの相互作用的様相をより詳しく知るために、R+S- がなぜ R+ たりえているのか、もっと詳細に調査するべきである。そのためには、いくつかの方法があると思われる。まず、形態素的な語には、たとえば「painful の ful は形容詞を示す」などの、文法的な特性もあるので、R+S- は文の理解において、その文法的な特性をどのように利用し、処理しているのかを研究する必要がある。また、リスニングとの関連を調べることにより、R+S- のトップダウン・アプローチの使用をより鮮明に知ることができる可能性がある。さらに R+S- の認知ストラテジーやメタ認知ストラテジーの使用、また R+S- が自身をどのように認識しているかなどの内観的側面からの研究を取り入れることにより、R+S- の実相をより深く探ることができると思われる。

2. 「書き写しスパン」によって、L2 学習者の読み書き能力がある程度測定できることは明らかになったが、このテストだけで R+S- を見極めることは難しいことも判った。この点については、書き写しスパンだけでなく、書き写しの際に手をとめた休止箇所の質的な研究によって明らかになる部分があるとも思われる。たとえば R+S- はリーディング能力においては平均以上の力があるので、ある程度意味を解りながら読み進めているはずであり、スパンは短くても句のまとまりや節の切れ目で休止する可能性がある。一方、R-S- は単語の途

中や句の途中で休止する可能性が高いと予測される。さらに R+S- の見極めについては、他のテストと組み合わせて R+S- を特定するという方法がある。本論で指摘したように、ひとつの可能性として、テキストを複数回音読させるテストが挙げられる。「書き写しテスト」の質的な分析などの課題とともに、R+S- を見極めるという意味での音読テストの妥当性についても今後研究する必要がある。

3. 特に文字と音の連関規則の習得に関して、より実践的で縦断的な研究が必要である。また R+S- や R-S- の補習教育のみならず、一般的な読解力とスペリング能力の統合的な発達のために、音読のほかに「書き写し」活動も有効ではないかと考えられる。書き写しは、すでに述べたように、読む活動と書く活動が組み合わさったものである。書き写しスパンをなるべく長くするように意識しながら書き写しをさせれば、どこまで読んでどこで切れば最も覚えやすい、など意味の切れ目に注意するようになるのではないかと思われる。また、複雑なつづりの単語は、何度も見返すことのないよう、じっくり内部を観察し、覚えこんで書き写そうとするのではないかとも考えられる。このような点に着目しながら、今後実証的な研究を重ねていく必要がある。さらに Holmes and Malone (2004) に見られるような、R+S- と R-S- それぞれのタイプに見合ったスペリング指導のあり方も考えていくべきであろう。

序論でも述べたように、実践的コミュニケーション能力の育成が叫ばれるなか、書き言葉の教育が軽視されるのは望ましいことではない。4技能は互いに相互作用しながら発達していく側面があるからだ。またインターネット上では書き言葉そのものが実践的コミュニケーションの手段となる。さらに長い目でみたとき、書き言葉から得た知識や情報もコミュニケーションのうえで大きな助けになるはずである。書き言葉の習得は時間がかかるものなので、効率的な指導法やテストの開発がますます望まれる。上記3点の研究課題を中心に、今後も書き言葉の習得および教育に関わる課題に取り組んでいきたい。

Appendix 1

第4章 R+S+, R+S-, R-S+, R-S- の音読速度の推移

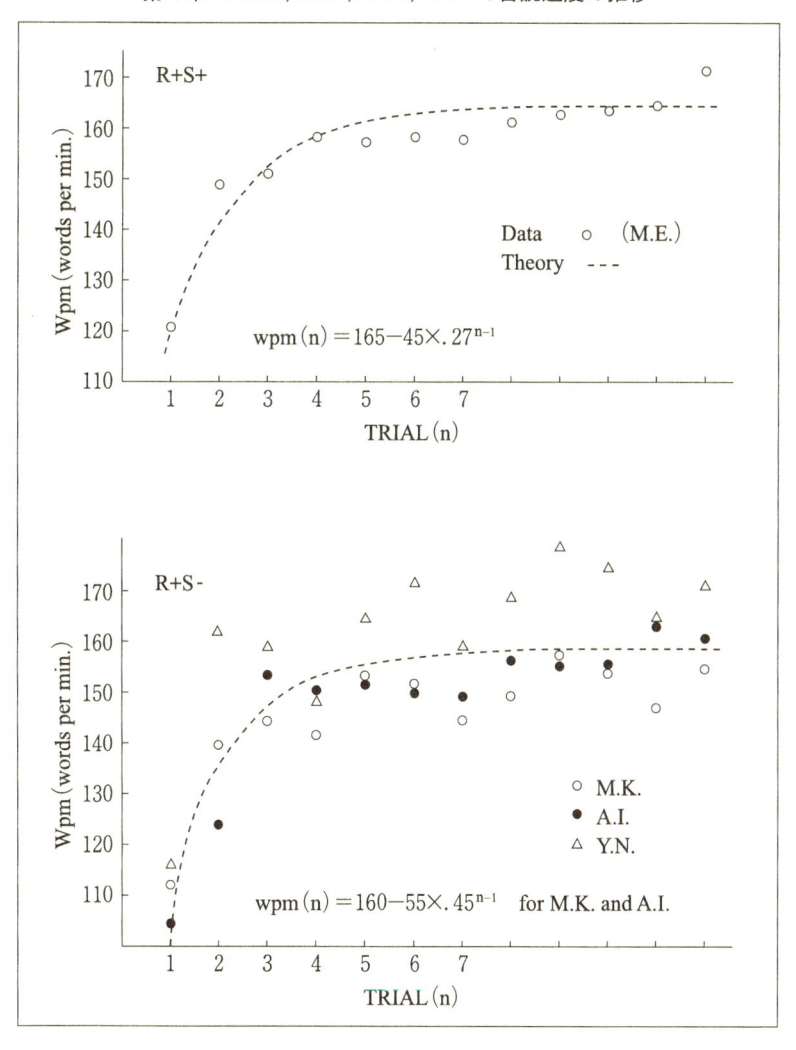

R+S+

Wpm (words per min.)

Data ○ (M.E.)
Theory ---

$\text{wpm}(n) = 165 - 45 \times .27^{n-1}$

TRIAL (n)

R+S-

Wpm (words per min.)

○ M.K.
● A.I.
△ Y.N.

$\text{wpm}(n) = 160 - 55 \times .45^{n-1}$ for M.K. and A.I.

TRIAL (n)

R-S+

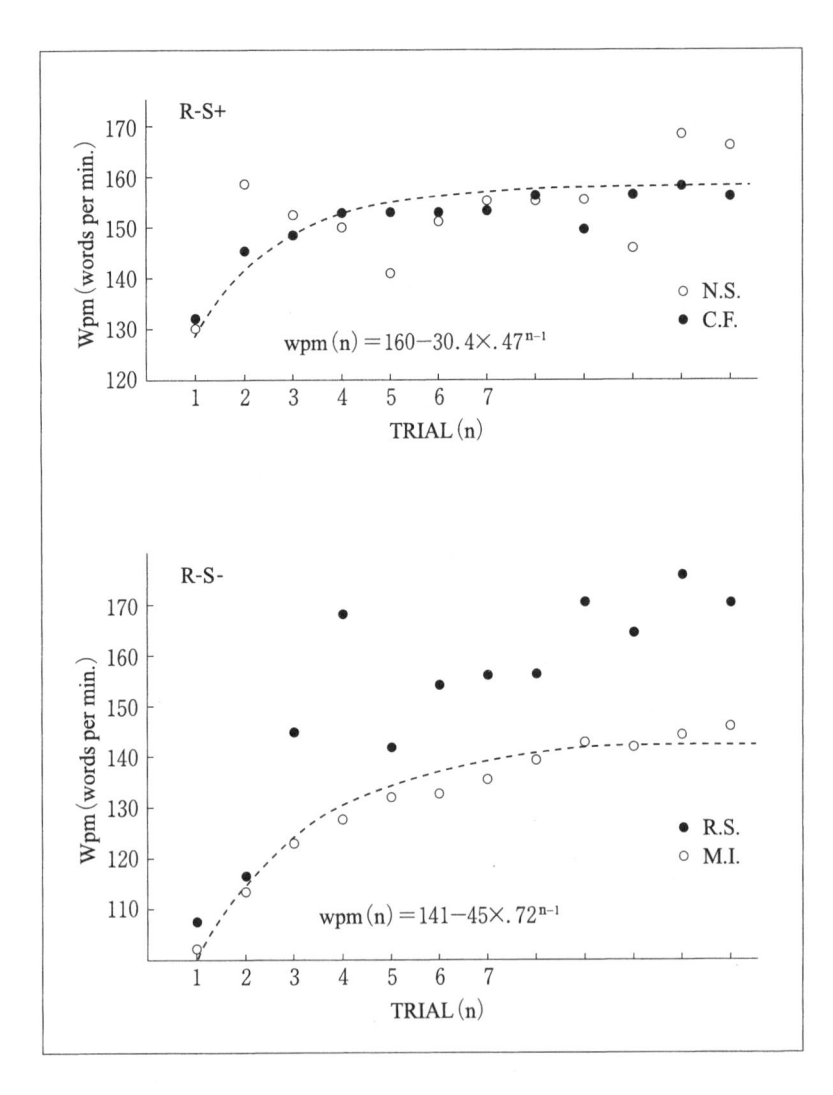

$\text{wpm}(n) = 160 - 30.4 \times .47^{n-1}$

○ N.S.
● C.F.

R-S-

$\text{wpm}(n) = 141 - 45 \times .72^{n-1}$

● R.S.
○ M.I.

Appendix 2

第7章 中学校英語教科書（New Horizon English Course）
1年、2年、3年の不規則つづり

	規則的なつづり（例）	不規則なつづり
[u:]	oo (c<u>oo</u>l, m<u>oo</u>n, t<u>oo</u>) u (exc<u>u</u>se)	**beautiful** （1年） **blue** （1年） **move** （1年） soup （1年） **Tuesday** （1年） two （1年） who （1年） whose （1年） you （1年） few （2年） group （2年） shoe （2年） threw （2年） juice （3年） lose （3年） prove （3年）
[u]	oo (c<u>oo</u>k, l<u>oo</u>k)	**could** （2年） **should** （2年） **would** （2年） Europe （3年）
[ei]	a (l<u>a</u>te, m<u>a</u>ke) ai (r<u>ai</u>n) ay (m<u>ay</u>)	**great** （1年） break （2年）
[e]	e (h<u>e</u>lp, m<u>e</u>mber)	**friend** （1年） guess （1年） **many** （1年） said （2年）

[i:]	ee (s<u>ee</u>, w<u>ee</u>k) ea (sp<u>ea</u>k, s<u>ea</u>son, dr<u>ea</u>m) e (<u>e</u>vening)	p<u>eo</u>ple （1年） pr<u>ie</u>st （3年）
[i]	i (f<u>i</u>nish, th<u>i</u>ng)	b<u>u</u>sy （1年） g<u>ui</u>tar （1年） l<u>i</u>ve （1年） b<u>ui</u>lding （2年） g<u>i</u>ve （2年）
[ʌ]	u (m<u>u</u>ch, m<u>u</u>st, r<u>u</u>n) o (an<u>o</u>ther, n<u>o</u>thing, m<u>o</u>ney)	c<u>o</u>me （1年） c<u>ou</u>ntry （1年） d<u>oe</u>s （1年） l<u>o</u>ve （1年） s<u>o</u>me （1年） s<u>o</u>metimes （1年） welc<u>o</u>me （1年） bec<u>o</u>me （2年） s<u>o</u>meone （2年） s<u>o</u>mething （2年） y<u>ou</u>ng （2年） en<u>ou</u>gh （3年）
[æ]	a (<u>a</u>sk, b<u>a</u>sketball)	h<u>a</u>ve （1年）
[-ə:r-]	er (p<u>er</u>fect) ir (f<u>ir</u>st) ur (Th<u>ur</u>sday) (w) or (w<u>or</u>k)	<u>Ear</u>th （1年） l<u>ear</u>n （2年）
[k]	k (<u>k</u>eep, <u>k</u>ind) c (<u>c</u>ar, <u>c</u>lass)	s<u>c</u>hool （1年） so<u>cc</u>er （1年） Christ （2年） Christmas （2年） e<u>ch</u>o （2年） <u>ch</u>emical （3年） heada<u>ch</u>e （3年）
[s]	s (<u>s</u>ay, <u>s</u>now)	<u>s</u>cience （1年）
[f]	f (<u>f</u>ather, <u>f</u>ine)	<u>ph</u>one （1年） <u>ph</u>onecard （1年） lau<u>gh</u> （3年）

黙字		**eight** （1年） **high** （1年） **know** （1年） **listen** （1年） **night** （1年） foreign （1年） **often** （1年） **right** （1年） sign （1年） **Wednesday** （1年） bought （2年） bright （2年） Buddha （2年） caught （2年） light （2年） sightseeing （2年） **through** （2年） frightened （3年） **knew** （3年） taught （3年） tightly （3年）
その他		**minute** （1年） **ninth** （1年） medicine （2年） **practice** （2年） purpose （2年）

＊規則的つづり、不規則なつづりの分類は、第3章で述べた独自調査と Barron (1980) の分類（Appendix 4）、および竹林 (1982) を参考にした。使用した中学校英語教科書は主に New Horizon English Course 1, 2, 3 であり、Sunshine English Course 1, 2, 3 は適宜、参考にした。

＊上記の不規則なつづりのうち、太字で表したものは中学校段階での習得が望ましいと思われるものである。

Appendix 3

第7章 中学校段階で習得しておくべきであると思われる規則的な音とつづりの連関

<u>子音</u>

b [b]: boy, job	n [n]: night, train	y [j]:yes
d [d]: day, sad	p [p]: park, ship	z [z]: zoo
f [f]: five, festival	r [r]: rice, around	ch [tʃ]: child, rich
h [h]: hall, behind	s [s]: six, insist	ck [k]: back
j [dʒ]: job, subject	t [t]: time, hat	dg [dʒ]: bridge
k [k]: kiss, book	v [v]: very, love	sh [ʃ]: shop, shine
l [l]: large, feel	w [w]: week, away	th [θ]: three, thing
m [m]: make, room	x [ks]:six	wh [hw/w]: why, when
		ng [ŋ]: king, sing

<u>母音</u>

短音	長音および二重母音	
a [æ]: cat, bad	a [ei]: late, make	er [ə:r]: her, person
e [e]: end, leg	e [i:]: he	ir [ə:r]: first, girl
i [i]: big, in	i [ai]: white, write	ur [ə:r]: turn, Thursday
o [ɑ/ɒ]:hot, lot	o [ou]: home, old	ar [ɑ:r]: March, farm
u [ʌ]:cut, must	u [ju:]: use, cute	or [ɔ:r]:morning
ea [e]: head, heavy	ea [i:]: eat, season	
oo [u]: book, took	oo [u:]: cool, food	
	ai [ei]: rain, raise	
	ee [i:]: feet, see	
	au [ɔ:]: caught, because	
	ou [au]: about, round	
	oa [ou]: coach	

＊第3章で述べた独自調査、Barron (1980) の分類（Appendix 4）、竹林（1982）、松香フォニックス研究所（2003）を参考にした。

Appendix 4

第7章 Barron (1980) による規則的なつづり及び不規則なつづりの事例

Regular-high positional freq.		Irregular-high positional freq.		Regular-low positional freq.		Irregular-low positional freq.	
fact	spend	none	words	deal	track	echo	knife
pine	state	lose	cover	drum	stuff	half	weight
list	sheet	love	marine	held	depth	pier	caught
case	slave	whom	circle	less	cloth	busy	honour
size	shave	talk	beauty	maid	broke	folk	breath
bent	tribe	walk	police	club	least	sign	knight
wide	trust	wool	league	inch	spear	bury	autumn
felt	lumber	gone	friend	crop	apart	rough	steady
main	winner	foot	couple	orbit	branch	climb	island
theme	throne	route	listen	offer	banana	flood	eighth
scale	rubber	whose	spread	silly	speech	earth	rhythm
press	market	tough	leather	fresh	escape	giant	meadow
share	member	scene	service	empty	invent	sugar	circuit
stole	strong	field	foreign	grain	expect	blood	freight
shelf	context	chalk	machine	clock	picnic	broad	unknown

(Barron, 1980, p. 200)

References

Akamatsu, N. (1999), The Effects of First Language Orthographic Features on Word Recognition Processing in English as a Second Language. *Reading and Writing: An Interdisciplinary Journal*, 11, 381-403.

Allington, R.L. (1983), Oral Reading. In Pearson, P.D. (Ed.), *Handbook of Reading Research*. London: Longman.

Ando, K. (Ed.) (1981), *Standard English Course*. 東京：大修館.

Baddeley, A.D., Papagno, C. and Vallar, G. (1988), When Long-Term Learning Depends on Short-Term Storage. *Journal of Memory and Language*, 27, 586-595.

Baron, J. (1979), Orthographic and Word-Specific Mechanisms in Children's Reading of Words. *Child Development*, 50, 60-72.

Baron, J., Treiman, R., Wilf, J.F. and Kellman, P. (1980), Spelling and Reading by Rules. In Frith, U. (Ed.), *Cognitive Processes in Spelling* (pp. 159-194). London: Academic Press.

Barron, R. (1980), Visual and Phonological Strategies in Reading and Spelling. In Frith, U. (Ed.), *Cognitive Processes in Spelling* (pp. 195-213). London: Academic Press.

Barron, R. (1987), Word Recognition in Early Reading: A Review of the Direct and Indirect Access Hypotheses. In Bertelson, P. (Ed.), *The Onset of Literacy: Cognitive Processes in Reading Acquisition* (pp. 93-119). Cambridge, Mass.: The MIT Press.

Barry, C. (1994), Spelling Routes (or Roots or Rutes). In Brown, G.D.A. and Ellis, N.C. (Eds.), *Handbook of Spelling: Theory, Process and Intervention* (pp. 27-49). London: John Wiley & Sons.

Bower, G.H. (1961), Application of a Model to Paired-Associate Learning. *Psychometrika*, 26, 255-280.

Bradley, L. (1983), The Organization of Visual, Phonological, and Motor Strategies in Learning to Read and Spell. In Kirk, U. (Ed.), *Neuropsychology of Language, Reading and Spelling* (pp. 235-254). London: Academic Press.

Bradley, L. and Bryant, P.E. (1978), Difficulties in Auditory Organization as a Possible Cause of Reading Backwardness. *Nature*, 271, 746-747.

Bradley, L. and Bryant, P.E. (1983), Categorizing Sounds and Learning to Read: A Causal Connection. *Nature*, 301, 419-421.

Bruck, M. and Waters, G. (1988), An Analysis of the Spelling Errors of Children who

Differ in their Reading and Spelling Skills. *Applied Psycholinguistics*, 9, 77-92.

Bruck, M. and Waters, G. (1990), An Analysis of the Component Spelling and Reading Skills of Good Readers Good Spellers, Good Readers Poor Spellers, and Poor Readers Poor Spellers. In Carr, T.H. and Levy, B.A. (Eds.), *Reading and Its Development* (pp. 161-206). San Diego: Academic Press.

Burani, C., Salmaso, D. and Caramazza, A. (1984), Morphological Structure and Lexical Access. *Visible Language*, XVIII, 4, 348-358.

Burden, V. (1992), Why are some 'Normal' Readers such Poor Spellers? In Sterling, C.M. and Robson, C. (Eds.), *Psychology, Spelling and Education* (pp. 200-213). Clevedon: Multilingual Matters.

Cameron, L. (2001), *Teaching Languages to Young Learners*. Cambridge: Cambridge University Press.

Carlisle, J.F. (1988), Knowledge of Derivational Morphology and Spelling Ability in Fourth, Sixth, and Eighth Graders. *Applied Psycholinguistics*, 9, 247-266.

Carlisle, J.F. (2000), Awareness of the Structure and Meaning of Morphologically Complex Words: Impact on Reading. *Reading and Writing: An Interdisciplinary Journal*, 12, 169-190.

Carlisle, J.F. and Nomanbhoy, D. (1993), Phonological and Morphological Development. *Applied Psycholinguistics*, 14, 177-195.

Carrell, P. and Eisterhold, J.C. (1983), Schema Theory and ESL Reading Pedagogy. *TESOL Quarterly*, 17, 4, 553-573.

Carroll, J.B., Davies, P. and Richman, B. (1971), *The American Heritage Word Frequency Book*. New York: Houghton Mifflin.

Carver, R.P. (1984), Manual for Using Bormuth's 330 Reading Passages for Research. *Manuscript*.

Cataldo, S. and Ellis, N. (1988), Interactions in the Development of Spelling, Reading and Phonological Skills. *Journal of Research in Reading*, 11, 2, 86-109.

Connelly, V., Johnston, R. and Thompson, G.B. (2001), The Effect of Phonics Instruction on the Reading Comprehension of Beginning Readers. *Reading and Writing: An Interdisciplinary Journal*, 14, 423-457.

Cook, V.J. (1997), L2 Users and English Spelling. *Journal of Multilingual and Multicultural Development*, 18, 474-488.

Cook, V.J. (2002), Background to the L2 User. In Cook, V. (Ed.), *Portraits of the L2 User* (pp. 1-28). Clevedon: Multilingual Matters.

Cook, V.J. (2004), *The English Writing System*. London: Arnold.

Cook, V.J. and Bassetti, B. (Eds.) (2005), *Second Language Writing Systems*. Clevedon:

References

Multilingual Matters.

Derwing, B.L. (1976), Morpheme Recognition and the Learning of Rules for Derivational Morphology. *Canadian Journal of Linguistics*, 21, 38-66.

Doctor, E.A. and Coltheart, M. (1980), Children's Use of Phonological Encoding When Reading for Meaning. *Memory and Cognition*, 8, 195-209.

Doherty, C. and Ilyin, D. (1981), *English Language Skills Assessment: Advanced Narrative for Levels 500-800*. Rowley, Mass.: Newbury House.

Ehri, L.C. (1980), The Development of Orthographic Images. In Frith, U. (Ed.), *Cognitive Processes in Spelling* (pp. 311-338). London: Academic Press.

Ehri, L.C. (1992), Reconceptualizing the Development of Sight Word Reading and Its Relationship to Recoding. In Gough, P., Ehri, L.C. and Treiman, R. (Eds.), *Reading Acquisition* (pp. 107-143). Hillsdale, N.J.: Lawrence Erlbaum.

Ehri, L.C. and Wilce, L.S. (1983), Development of Word Identification Speed in Skilled and Less-skilled Beginning Readers. *Journal of Educational Psychology*, 75, 3-18.

Ellis, N.C. (1994a), Vocabulary Acquisition: The Implicit Ins and Outs of Explicit Cognitive Mediation. In Ellis, N.C. (Ed.), *Implicit and Explicit Learning of Language* (pp. 211-282). London: Academic Press.

Ellis, N.C. (1994b), Longitudinal Studies of Spelling Development. In Brown, G.D.A. and Ellis, N.C. (Eds.), *Handbook of Spelling: Theory, Process and Intervention* (pp. 155-177). London: John Wiley & Sons.

Ellis, N.C. and Beaton, A. (1993a), Factors Affecting the Learning of Foreign Language Vocabulary: Imagery, Keyword Mediators and Phonological Short-Term Memory. *Quarterly Journal of Experimental Psychology*, 46A, 533-558.

Ellis, N.C. and Beaton, A. (1993b), Psycholinguistic Determinants of Foreign Language Vocabulary Learning. *Language Learning*, 43, 559-617.

Ellis, N.C. and Cataldo, S. (1992), Spelling is Integral to Learning to Read. In Sterling, C.M. and Robson, C. (Eds.), *Psychology, Spelling and Education* (pp. 122-142). Clevedon: Multilingual Matters.

Eskey, D. (1988), Holding in the Bottom: An Interactive Approach to the Language Problems of Second Language Readers. In Carrell, P., Devine, J. and Eskey, D. (Eds.), *Interactive Approaches to Second Language Reading* (pp. 93-113). Cambridge: Cambridge University Press.

Estes, W.K. (1951), Toward a Statistical Theory of Learning. *Psychological Review*, 57, 94-107.

Fischer, F.W., Shankweiler, D. and Liberman, I.Y. (1985), Spelling Proficiency and Sensitivity to Word Structure. *Journal of Memory and Language*, 24, 423-441.

Flesch, R.F. (1948), A New Readability Yardstick. *Journal of Applied Psychology*, 32, 221-233.

Fowler, A.E. and Liberman, I.Y. (1995), The Role of Phonology and Orthography in Morphological Awareness. In Feldman, L.B. (Ed.), *Morphological Aspects of Language Processing* (pp. 157-188). Hillsdale, N.J.: Erlbaum.

Freyd, P. and Baron, J. (1982), Individual Differences in Acquisition of Derivational Morphology. *Journal of Verbal Learning and Verbal Behavior*, 21, 282-295.

Frith, U. (1980), Unexpected Spelling Problems. In Frith, U. (Ed.), *Cognitive Processes in Spelling* (pp. 495-515). London: Academic Press.

Frith, U. (1985), Beneath the Surface of Developmental Dyslexia. In Patterson, K., Coltheart, M and Marshall, J. (Eds.), *Surface Dyslexia* (pp. 301-330). London: Lawrence Erlbaum.

Gathercole, S.E. and Baddeley, A.D. (1989), Evaluation of the Role of Phonological STM in the Development of Vocabulary in Children: A Longitudinal Study. *Journal of Memory and Language*, 28, 200-213.

Gathercole, S.E. and Baddeley, A.D. (1990), The Role of Phonological Memory in Vocabulary Acquisition: A Study of Young Children Learning New Names. *British Journal of Psychology*, 81, 439-454.

Gathercole, S.E. and Baddeley, A.D. (1993), *Working Memory and Language*. Hove: Lawrence Erlbaum.

Gough, P.B. and Walsh, M.A. (1991), Chinese, Phoenicians, and the Orthographic Cipher of English. In Brady, S. and Shankweiler, D. (Eds.), *Phonological Processes in Literacy* (pp. 199-209). Hillsdale, N.J.: Lawrence Erlbaum.

Goulandris, N.K. (1994), Teaching Spelling: Bridging Theory and Practice. In Brown, G.D.A. and Ellis, N.C. (Eds.), *Handbook of Spelling: Theory, Process and Intervention* (pp. 407-423). London: John Wiley & Sons.

Grabe, W. (1991), Current Developments in Second Language Reading Research. *TESOL Quarterly*, 25, 3, 375-406.

Grabe, W. (2004), Research on Teaching Reading. *Annual Review of Applied Linguistics*, 24, 44-69.

郡司利男（編著）(1993),『英語逆引事典』〔改訂版第13刷〕東京：開文社．

Hanson, V.L., Shankweiler, D. and Fischer, F.W. (1983), Determinants of Spelling Ability in Deaf and Hearing Adults: Access to Linguistic Structure. *Cognition*, 14, 323-344.

Henderson, L. (1982), *Orthography and Word Recognition in Reading*. Academic Press.

Holmes, V.H. and Malone, N. (2004), Adult Spelling Strategies. *Reading and Writing*:

An Interdisciplinary Journal, 17, 537-566.

Holmes, V.H. and Ng, E. (1993), Word-Specific Knowledge, Word-Recognition Strategies, and Spelling Ability. *Journal of Memory and Language*, 32, 230-257.

Horn, T.D. (1969), Spelling. In Ebel, R.L. (Ed.), *Encyclopedia of Educational Research* (4th Ed.). New York: Macmillan.

伊東治己（編著）（1999），『コミュニケーションのための4技能の指導』東京：教育出版.

Jorm, A.F. (1981), Children with Reading and Spelling Retardation: Functioning of Whole-Word and Correspondence-Rule Mechanisms. *Journal of Child Psychology and Psychiatry*, 22, 171-178.

Jorm, A.F. and Share, D.L. (1983), Phonological Recoding and Reading Acquisition. *Applied Psycholinguistics*, 4, 103-147.

Joshi, R.M. and Aaron, P.G. (1991), Developmental Reading and Spelling Disabilities: Are These Dissociable? In Joshi, R.M. (Ed.), *Written Language Disorders*. (pp. 1-24). Dordrecht: Kluwer.

Juel, C., Griffith, P. and Gough, P.B. (1986), Acquisition of Literacy: A Longitudinal Study of Children in First and Second Grade. *Journal of Educational Psychology*, 78, 243-255.

垣田直巳（監修）松村幹男（編）（1984），『英語のリーディング』東京：大修館.

垣田直巳（監修）沖原勝昭（編）（1985），『英語のライティング』東京：大修館.

笠島準一・浅野博・下村勇三郎・牧野勤・池田正雄ほか（2002），*New Horizon English Course,* 1, 2, 3. 東京：東京書籍.

Katamba, F. (1993), *Morphology*. London: Macmillan.

Koda, K. (1998), The Role of Phonemic Awareness in Second Language Reading. *Second Language Research*, 14, 2, 194-215.

Krashen, S.D. (1985), *The Input Hypothesis*: *Issues and Implications*. London: Longman.

Krashen, S.D. and Terrell, T. (1983), *The Natural Approach*: *Language Acquisition in the Classroom*. Oxford: Pergamon.

LaBerge, D. and Samuels, S.J. (1974), Towards a Theory of Automatic Information Processing in Reading. *Cognitive Psychology*, 6, 293-323.

Leech, G., Rayson, P. and Wilson, A. (2001), *Word Frequencies in Written and Spoken English*. London: Person Education.

Liberman, A.M. (1992), The Relation of Speech to Reading and Writing. In Frost, R. and Katz, L. (Eds.), *Orthography, Phonology, Morphology and Meaning* (pp. 167-178). Elsevier Science Publishers.

Marsh, G., Friedman, M., Welch, V. and Desberg, P. (1980), The Development of

Strategies in Spelling. In Frith, U. (Ed.), *Cognitive Processes in Spelling* (pp. 339-353). London: Academic Press.
松畑熙一・松本青也・和田稔・佐野正之ほか (2002), *Sunshine English Course*, 1, 2, 3. 東京：開隆堂．
松香フォニックス研究所 (2003),『Phonics Activities for Fun —フォニックス・アクティビティ集』松香フォニックス研究所出版．
McCusker, L.X., Hillinger, M.L. and Bias, R.G. (1981), Phonological Recoding and Reading. *Psychological Bulletin*, 89, 2, 217-245.
森千鶴 (1990),「Good Reader Poor Speller の諸特徴」九州英語教育学会『紀要』18, 74-81.
Mori, C. (1998), Phonological Recoding in L2 Silent Reading. *Bulletin of Fukuoka University of Education*, Part 1, 47, 51-61.
森千鶴 (2003),「英語学習の中の音読の位置づけ」『英語教育』52, 6, 8-9.
森千鶴 (2005),「L2 学習者のスペリング能力とリーディング能力の関係について」『日本教科教育学会誌』28, 2, 11-20.
Mori, C. (2007), L2 Reading and the Acquisition of Derivational Morphemes: Focusing on the Good Reader Poor Speller Type. *Annual Review of English Language Education in Japan*, 18, 71-80.
Mori, C. and Yamada, J. (1988), Copying Span as an Index of Written Language Ability. *Perceptual and Motor Skills*, 66, 375-382.
Mori, C. and Yamada, J. (1995), Good and Poor Readers and Spellers, and Oral Reading Rates in L2.『松村幹男先生退官記念、英語教育学研究』(pp. 269-281) 広島：溪水社．
村上春樹 (1984),『村上朝日堂』東京：若林書店．
Nagy, W.E., Diakidoy, I.N. and Anderson, R.C. (1993), The Acquisition of Morphology: Learning the Contribution of Suffixes to the Meanings of Derivatives. *Journal of Reading Behavior*, 25, 2, 155-170.
Napps, S.E. (1989), Morphemic Relationships in the Lexicon: Are They Distinct from Semantic and Formal Relationships? *Memory and Cognition*, 17, 729-739.
Nelson, H.E. and Warrington, E.K. (1974), Developmental Spelling Retardation. *British Journal of Psychology*, 65, 265-274.
Oller, J.W.Jr. (1979), *Language Tests at School*. London: Longman.
Ormrod, J.E. (1985), Visual Memory in a Spelling Matching Task: Comparison of Good and Poor Spellers. *Perceptual and Motor Skills*, 61, 183-188.
Perfetti, C. (1985), *Reading Ability*. New York: Oxford University Press.
Perfetti, C. and Hogaboam, T. (1975), Relationship between Single Word Decoding and

Reading Comprehension Skill. *Journal of Educational Psychology*, 67, 4, 461-469.

Rayner, K. and Pollatsek, A. (1989), *The Psychology of Reading*. London: Prentice Hall.

Rothkopf, E.Z. (1980), Copying Span as a Measure of the Information Burden in Written Language. *Journal of Verbal Learning and Verbal Behavior*, 19, 562-572.

Rubin, H. (1991), Morphological Knowledge and Writing Ability. In Joshi, R.M. (Ed.), *Written Language Disorders* (pp. 43-69). Dordrecht: Kluwer.

阪本一郎 (1971),『現代の読書心理学』東京：金子書房.

佐久間康之 (2000),「第10章　音読の指導」高梨庸雄・卯城祐 (編)『英語リーディング事典』(pp. 134-146) 東京：研究社.

Schreuder, R. and Baayen, R.H. (1995), Modeling Morphological Processing. In Feldman, L.B. (Ed.), *Morphological Aspects of Language Processing* (pp. 131-154). Erlbaum.

Segalowitz, N. (1991), Does Advanced Skill in a Second Language Reduce Automaticity in the First Language? *Language Learning*, 41, 1, 59-83.

Segalowitz, N. (2003), Automaticity and Second Language Development. In Doughty, C. and Long, M. (Eds.), *The Handbook of Second Language Acquisition* (pp. 382-408). Oxford: Blackwell.

Segalowitz, N. and Hebert, M. (1990), Phonological Recoding in the First and Second Language Reading of Skilled Bilinguals. *Language Learning*, 40, 4, 503-538.

Segalowitz, S., Segalowitz, N., and Wood, A. (1998), Assessing the Development of Automaticity in Second Language Word Recognition. *Applied Psycholinguistics*, 19, 53-67.

Service, E. (1992), Phonology, Working Memory, and Foreign-language Learning. *Quarterly Journal of Experimental Psychology: General*, 113, 556-570.

Seymour, P.H.K. and Evans, H.M. (1994), Sources of Constraint and Individual Variations in Normal and Impaired Spelling. In Brown, G.D.A. and Ellis, N.C. (Eds.), *Handbook of Spelling: Theory, Process and Intervention* (pp.129-153). London: John Wiley & Sons.

Shimizu, Y. (1989), A Correlational Study of STEP and Cloze Tests. *STEP Bulletin*, 1, 103-116.

Snowling, M.J. (1994), Towards a Model of Spelling Acquisition: The Development of Some Component Skills. In Brown, G.D.A. and Ellis, N.C. (Eds.), *Handbook of Spelling: Theory, Process and Intervention* (pp. 111-128). London: John Wiley & Sons.

Stanovich, K.E. (1980), Toward an Interactive-Compensatory Model of Individual Differences in the Development of Reading Fluency. *Reading Research Quarterly*,

16, 1, 32-71.

Stanovich, K.E. (2000), *Progress in Understanding Reading: Scientific Foundations and New Frontiers*. New York: Guilford Press.

竹林滋 (1982),『英語音声学入門』東京：大修館.

Tanaka, M. and Lauer, J. (2003), *Vocabulary Levels Test for Japanese Learners of English*. Hiroshima University.

田中正道・Lauer, J. (2003),「日本人学習者のための語彙レベルテスト」『広島外国語教育研究』6, 1-13.

Taylor, I. and Taylor, M.M. (1983), *The Psychology of Reading*. London: Academic Press.

Taylor, W.L. (1953), Cloze Procedure: A New Tool for Measuring Readability. *Journalism Quarterly*, 30, 415-433.

Templeton, S. and Scarborough-Franks, L. (1985), The Spelling's the Thing: Knowledge of Derivational Morphology in Orthography and Phonology among Older Students. *Applied Psycholinguistics*, 6, 371-390.

Treiman, R. (1983), The Structure of Spoken Syllables: Evidence from Novel Word Games. *Cognition*, 15, 49-74.

Treiman, R. (1997), Introduction to Special Issue on Spelling. *Reading and Writing: An Interdisciplinary Journal*, 9, 315-319.

Treiman, R. and Baron, J. (1981), Segmental Analysis Ability: Development and Relation to Reading Ability. In MacKinnon, G.E. and Waller, T.G. (Eds.), *Reading Research: Advances in Theory and Practice* (Vol. 3, pp. 159-198). San Diego, C.A.: Academic Press.

Treiman, R. and Zukowski, A. (1991), Levels of Phonological Awareness. In Brady, S. and Shankweiler, D. (Eds.), *Phonological Processes in Literacy* (pp. 67-83). Hillsdale, N.J.: Lawrence Erlbaum.

Treiman, R. and Zukowski, A. (1996), Children's Sensitivity to Syllables, Onsets, Rimes and Phonemes. *Journal of Experimental Child Psychology*, 61, 193-215.

Tyler, A. and Nagy, W. (1989), The Acquisition of English Derivational Morphology. *Journal of Memory and Language*, 28, 649-667.

Tyler, A. and Nagy, W. (1990), Use of Derivational Morphology during Reading. *Cognition*, 36, 17-34.

梅崎智子・森千鶴 (2000),「L2 語彙習得と提示の方法について」高梨庸雄・卯城祐司 (編)『英語リーディング事典』(pp. 179-188) 東京：研究社.

Varnhagen, C.K. (1995), Children's Spelling Strategies. In Berninger, V.W. (Ed.), *The Varieties of Orthographic Knowledge II: Relationships to Phonology, Reading and*

Writing (pp. 251-290). Dordrecht: Kluwer.

Vellutino, F.R. (1991), Introduction to Three Studies on Reading Acquisition: Convergent Findings on Theoretical Foundations of Code-Oriented Versus Whole-Language Approaches to Reading Instruction. *Journal of Educational Psychology*, 83, 4, 437-443.

Vellutino, F.R., Scanlon, D.M., Small, S.G. and Tanzman, M.S. (1991), The Linguistic Bases of Reading Ability: Converting Written to Oral Language. *Text*, 11, 1, 99-133.

Venezky, R. (1970), *The Structure of English Orthography*. The Hague: Mouton.

Wade-Woolley, L. and Siegel, L.S. (1997), The Spelling Performance of ESL and Native Speakers of English as a Function of Reading Skill. *Reading and Writing: An Interdisciplinary Journal*, 9, 387-406.

Waters, G.S., Bruck, M. and Seidenberg, M. (1985), Do Children Use Similar Processes to Read and Spell Words? *Journal of Experimental Child Psychology*, 39, 511-530.

Willows, D.M. and Scott, R. (1994), Spelling Processes of the Reading Disabled. In Brown, G.D.A. and Ellis, N.C. (Eds.), *Handbook of Spelling: Theory, Process and Intervention* (pp.193-210). London: John Wiley & Sons.

Wysocki, K. and Jenkins, J.R. (1987), Deriving Word Meanings through Morphological Generalization. *Reading Research Quarterly*, 22, 66-81.

Yamada, J. and Kawamoto, N. (1991), Reading, Spelling, and Recognition of Briefly Exposed Words and Nonwords. *Perceptual and Motor Skills*, 73, 387-395.

山田純・松浦伸和・柳瀬陽介 (1988),『英語学力差はどこから生じるのか』東京：大修館.

Young, A.R., Bowers, P.G. and MacKinnon, G.E. (1996), Effects of Prosodic Modeling and Repeated Reading on Poor Readers' Fluency and Comprehension. *Applied Psycholinguistics*, 17, 59-84.

著者　森　　千　鶴（もり　ちづる）

　福岡教育大学教授、教育学博士
　津田塾大学学芸学部英文学科卒業
　広島大学大学院教育学研究科博士課程前期教科教育学（英語科教育）専攻修了
　松山東雲短期大学、熊本県立大学、福岡教育大学助教授を経て、1999年より現職
　1992年－1993年　英国ランカスター大学在外研究員

L2学習者のスペリング能力と
リーディング能力の関係

　　　　　　　　　　2007年11月1日　発　行

　著 者　森　　千　鶴
　発行所　株式会社　溪　水　社
　　　　　広島市中区小町1-4（〒730-0041）
　　　　　電　話（082）246 − 7909
　　　　　FAX（082）246 − 7876
　　　　　E-mail: info@keisui.co.jp

ISBN978 − 4 − 87440 − 990 − 9　C3082